朝日新書
Asahi Shinsho 069

反骨のコツ

團藤重光
伊東乾 編

朝日新聞社

はじめに

二〇〇五年の初秋、私（伊東）は「9・11以後に死刑を考える」と題するシンポジウムを開催するべく、準備作業を進めていました。

「死刑を考える」とは、文字通り「死刑制度について考えたい」趣旨で、死刑廃止の議論ではありません。現行法の枠組みで考えて、とりわけ「再発防止」の観点から、死刑制度をどのように扱ってゆくべきかを科学的に議論しようというシンポジウムです。私の動機には、大学時代、物理学科の同級生で、オウム真理教・地下鉄サリン事件の実行犯として起訴されている豊田亨被告の裁判が関係していました。現在進行している裁判に「死刑制度廃止」の議論は機能しません。あくまで現行法の枠組みの中で、何ができるのか、何をするべきか。あるいは何をしてはいけないのか、大切なポイントを、法律には素人である私たちにもよく分かる、平易な言葉で、きちんと整理したいと考えたのです。

理工学の分野では国際的に、社会の安全・安心のため「失敗学」構築の必要認識が完全に定着しています。チェルノブイリ原発事故や東海村JCO臨界事故のような人災は、原因を明確に究明しなければ、幾度でも繰り返す危険性があります。じっさい、綿密な予防対策が立てられるようになりました。私もごく一部ですが、情報システム担当の大学人としてその一端に関わったことがあります。これらは現在、大変整備されたものになっています。

それと比較するとき、一般の犯罪から「オウム真理教事件」「テロ対策」に至るまで、刑事事件に関する予防や矯正には、学術的、合理的な対策の余地が、まだまだ圧倒的に存在しているように思われたのです。

＊

このようなシンポジウムへのご登壇をご相談申し上げたのが、團藤重光先生にお目に掛かった最初でした。たまたま先生のご自宅に私の研究室が大変近く、ご連絡を差し上げ、ご自宅にお伺いしました。

シンポジウムは十二月八日の夕刻に東京大学大講堂（安田講堂）で開催される予定でした。しかし、ご相談申し上げるうちに、冬場の宵の口、不特定多数の人が集まる公会堂で先生にご登壇頂くことの危険性が、直ぐに分かりました。お風邪など召される懸念が高く、すでに九十歳を超えておられる先生のご健康を考えると、無理なお願いはできません。

結局、團藤先生にはメッセージを寄せていただくこととなり、また先生からお薦めのお電話を頂戴して、当日は作家・加賀乙彦こと小木貞孝医学博士にご登壇を頂くこととなりました。小木先生は、ご自身が精神科医として参加された、阪神・淡路大震災直後の神戸での治療記録のプロジェクトについてお話をされました。

神戸大学医学部の中井久夫教授（当時）が取りまとめられたこれらの総合報告は、先進国大都市を襲った巨大地震に対する、国際的にもはじめての網羅的医療対策記録として、すでに公刊されています（『1995年1月・神戸──「阪神大震災」下の精神科医たち』みすず書房）。まさにインターナショナルな科学的趨勢である「失敗学構築」の最たる成果です。また、このシンポジウムを通じて、現状の裁判のシステムでは、個別の罪は裁けても、再発防止に役立つ知識を得ることは不可能であること、「失敗学」は大変重要であるけれど、ひとつ間違えると「保安処分」にも繋がりかねない問題で、法律的には大変デリケートに取り扱わねばならないことも、よく分かりました。ディスカッションは沸騰し、シンポジウムは極めて有意義な議論のうちに終了することができました。

このことがご縁となって、團藤先生の開かれる学士会館や軽井沢での会合やゼミナールに、（法律には全く門外漢の私も、学生ともども参加させて頂くようになりました。「ゴルフのビギナーズラックのようなものなのですが、）素人に典型的な愚問を連発する私を、團藤先生は「本質的な問題」と歓迎してくださいました。（もったいないことだと思います）。

＊

二〇〇七年の春、團藤先生が理事長を務めておられる社団法人学士会から、私は会報への寄稿を依頼されました。このおり学士会から、インターネット上に團藤先生のお話を掲載して、先生から若い世代に直接語りかけるホームページを作ってみたいとのお話を頂戴しました。学士会は旧帝国大学の同窓会組織ですが、最近、新卒業生の加入者が減少しているため、賦活剤の役割を期待したいとのことでした。聞き手が私というのは過分なお話と思いましたが、結局お引き受けすることにしました。このような経緯で、学士会のインターネット・ホームページ「團藤ブログ『君は團藤重光を見たか？』」の連載が始まりました。

実際の手順は以下のようです。まず数名のメンバーが團藤先生ご夫妻を学士会理事長室でお囲みして、定期的にお話を伺います。つぎにその録音テープを文字に起こします。これに補注なども補い、文章を整えた上で先生にチェックして頂き、完成稿として会員が閲覧できるホームページに公開するのです。

現実にこの企画をスタートさせてみると、毎回のお話は事前の想像をまったく絶するものでした。内容は広範かつ多岐にわたり、とくに戦時中やGHQとの交渉、昭和天皇の思い出などは、明らかに第一級の歴史的資料と思われました。貴重な一次証言を、「もうそろそろ時効でしょうから」と、先生は毎回長時間にわたって、いきいきと語られます。さすがに現時点では時期尚早、と掲載を見送った内容もありました。

一連の経緯の中で「こんな大切なお話を、こうして一部の人間しか見ることができない形に留めておいてはいけない」と、学士会の大村誠企画課長、名古屋大学産学連携コーディネーターの片岡大造氏、朝日新聞社の井原圭子氏の三者が相談されました。

このようにして、一部の会員だけが閲覧できる「團藤ブログ」を、誰もが手にすることができる書籍に編みなおすプロジェクトがスタートしたのです。

反骨のコツ　目次

第3章　決定論をはね返せ　69

第5章 憲法九条と刑法九条 165

第6章　お悩み解決は團藤説で　189

第7章　革命のコツ・團藤陽明学　213

第1章

反骨から見る日本国憲法

1. 新憲法と刑事訴訟法

團藤　さて、何からお話ししましょうか……。

伊東　お伺いしたいことは、山のようにあるのですが、そもそも僕自身が理学部物理の出身で、法律はまるで素人の音楽の教員です。今回の趣旨は、僕のような素人にも分かりやすい簡単な言葉で、狭い意味での「刑法」の枠を超えた團藤先生の学問、思想のポイントというか骨子というか、言ってみれば「骨法」の部分を伺えれば、という趣旨なのですが、僕にはとても荷が勝ちすぎでありまして、ただただ恐縮しています。

團藤　いや、そのほうが良いのです。なまじ法律をかじっていると、なんでも「ああ、あの話ね」と分かったような気になって、表面を撫でるだけで終わってしまう危険性があるでしょう。伊東君とは世代も専門もまるで違うのに、なぜか不思議と話が合った。しかも何十年来、僕の中にあって表に出てこなかった、新しい部分を対話の中で引き出してもらえて、とても嬉しく思っています。

伊東　なにぶん素人なので、初歩的な愚問が多いと思うのですが……。

團藤　愚問、大歓迎ですよ。どこからでも何でも聞いて下さい。お話ししたいことは幾らでもありますから。

伊東　ありがとうございます。責任重大ですが、そうおっしゃっていただけますと、大変気が楽になります。ご記憶を辿《たど》られる、そのよすがに、歴史の資料に当たって調べたことのご紹介や、一部は僕の専門の話題、あるいは身近な事件の例なども交えて進行してゆきたいと思います。どうかよろしくお願いします。

團藤　こちらこそ、どうぞよろしく（笑）。

「アメリカ製」の新憲法

伊東　ではさっそくですが、先生、二〇〇七年五月、憲法改正の国民投票法が成立しました。

團藤　ええ。

伊東　それで自民党は早ければ二〇一〇年には国民投票を実施するとしています。二〇〇七年七月の参院選で自民党が歴史的惨敗を記録したために、実施の可能性は遠のいたとも言われていますが、いつか憲法改正が本格的に政治日程に上ってくると思います。私は法律の素人として、憲法というのはそうそう軽々に変えるべきでない印象を持っています。
先生は欽定憲法から日本国憲法への切り替えの時期、司法省嘱託として新刑事訴訟法の起草でGHQ（連合国軍総司令部）との交渉の矢面にお立ちになられました。新憲法導入当時は、いったいどんな具合だったのでしょうか？

團藤　私は憲法そのものには立ち入らなかったのです。憲法は金森徳次郎さんが国務大臣で、成立に立ち会われました。金森さんは立派な人で。温厚でリベラルでね。お話を伺いにいくといろんなことを教えてくださって。だいぶ先輩ですけれど、非常に良い方でしたよ。その金森さんが国務大臣として憲法担当になられた。

伊東　旧憲法が改正され今の憲法になったのですが、成立過程はご覧になりましたか？

團藤　新憲法成立過程には、一切関知しませんでした。

伊東　でも、そうやってもたらされた新しい今の日本国憲法に則《のっと》って、新刑事訴訟法をお書きになったのですよね。

團藤　その通りです。

伊東　そこでは徹底して、日本国憲法を尊重してお書きになったわけですよね。

團藤　そうです。でも、そのころの皆の意識としては、日本国憲法は率直に言って、とにかくアメリカ製ですよね。当初は日本の国情に合わないことが多かったかもしれません。けれど、とにかくね、戦争中までの日本はとんでもない状況にありましたでしょう? 軍人の政治でしたから。それを根本から変えようということで。憲法草案はマッカーサーの指示で作ったものだと思います。日本のイニシアチブで作ったものではない。だから、最初はいいも悪いもないんです。いいも悪いもないですけど、とにかく向こうでは、ずいぶんいろいろなことを考えたらしい。そこで結局、日本には天皇制がなくちゃだめだという結論になった。マッカーサーって人は立派なところのあった人で、実際の国情を見ると、日本には天皇制がなくちゃだめだと、天皇制があるから日本が治まっているのだと看破したのでしょう。というのもね、天皇制なんかやめちゃえという議論が、ずいぶんアメリカの中にもあったし、とくに当時のソ連ですね。ソ連は絶対に天皇制廃止と言っていた。それを排除して。憲法はマッカーサーの立案、マッカーサーの頭でもってつくったんですから。とにかくひとつにはソ連を排除するという大きな意味があったんですね。

東条英機と山本五十六

伊東　「国民投票法」関連の話題が紙面を賑わせました。ただ率直なところ、ここでの憲法の話は、もっぱら「九条」とか「集団的自衛権」まわりのトピックが議論になっていて、刑法や刑事訴訟法の話題が出てくることはほとんどありません。刑法、刑訴法と憲法、とりわけ九条はあまり関係づけては論じられませんね。

團藤　直接的にはね。だけど、刑法の観点から見ても、今の憲法は立派な憲法だと思いますよ。僕はあれを改正することにはあまり賛成しませんね、正直なところ。改正は必要ないと思います。

伊東　自衛隊を自衛軍にするなどの話題はどう思われますか？

團藤　軍隊は困りますねえ。せっかく軍隊をなくして、自衛隊を作ったのです。自衛隊は、まあ軍隊みたいなもんだけど、だけど軍隊と銘打ってしまわないでいる間はどっか限度があるでしょう。その限度だけは残さないといけないから。下手な憲法改正は正直のところ反対ですね。しないほうがいい。

伊東　戦時中は軍人軍閥の専横に、本当に苦しまれたのですね。

團藤　当時の軍人は、それはひどいものでした。東条英機は「官僚が一番大事」だという主張でね。日本のこれからをつくっていくのは官僚だと言った。官僚になるにはみんな高等試験を受けるでしょう、司法科とか行政科とか外交科とか。一度、その行政科の試験委員を全部、総理官邸に呼んでくれてね、おいしい中華料理でご馳走してくれたことがある（笑）。東条は片手をこうかまえてね。声がいいんですよ。立派な声で堂々とした演説をやってね。「いかにみなさんが日本の官吏を立派にするか、大事な役目を負っておられるのですから心がけてください」と、私たち大学教授にはとても丁寧で感じがよかったですよ。あの人も、まあ大変な人ですよね。上手は上手なんです、やりかたは。上手だけど、もともとがああやって強引に政権とっちゃったわけでしょう。僕はただご馳走になっただけで。おいしい中華料理でしたよ。そのころはあんまり中華料理なんて食べられなかったですからね。

伊東　東条は陸軍でも統制派、完璧な「官僚主義」ですね。非常に「合理的」。逆に言えば論理が硬直的。これが合理的だとなるとそこからちっとも動かない、融通の利かない「官僚主義」を徹底した人でもあると……。

團藤　それはそうなのだけれど、むしろ陸軍というよりは首相として、ああいう政策をとったんで、海軍の指導部は絶対反対でしたね。山本五十六元帥なんて、大反対だった。山本元帥は新潟県の長岡の人で立派な人でしたね。直接会ったことはないんだけど、長岡には親しい人がいますから、間接には聞いています。山本元帥は立派な人だった。当初は開戦には反対だったんです。それがとうとう押し切られた。そこで一旦押し切られた以上は、全力をあげてハワイ・マレー沖海戦に勝利した。それでアメリカは山本元帥に目をつけちゃって、待ち伏せして撃墜されてしまったのです。あれは初めから死を覚悟して戦地に赴いたのだと思います。いま、もういちど評価していい人ですね、山本元帥は。

刑事訴訟法起草でGHQと渡り合う

伊東　太平洋戦争がああいう形で終わって、GHQが進駐してきたわけですが、ここで先生が戦後、刑事訴訟法をお書き直しになったお話を伺えますでしょうか。

團藤　我々にはイニシアチブをとる自由はなかったのです。もっぱらマッカーサー元帥の指導です。でもマッカーサー自身は法律家じゃありませんから、僕自身はマッカーサーに直接会ったことはありません。今の第一生命本社にGHQの本部があって、あそこには毎日のように行っていましたが。そこでとにかく基礎をつくりました。それから、もう一つよかったのは、ソ連が入ってくる前に米軍が入ったでしょう。あれは日本にとっては一種の僥倖《ぎょうこう》でしたね。もしもソ連が入ってきたら、日本は分割されて、北海道、東北地方なんかソ連領になっていたでしょう。旧ソ連の政治は困ったものだったと思います。僕がソ連に行ったときはいい記憶しかありませんけどね。(でも、ひどいこともしたらしいですね。)

伊東　ポーランドの指導層を根こそぎにした「カチンの森の虐殺」なんかを聞くと、もし日本がソ連に占領されていたら、かなり違う歴史になっていたと思います。僕は父親が満州に出征して、ソ連軍の捕虜としてシベリアに抑留されて、ラーゲリ（収容所）に入れられていたときの話を聞かされているので、身につまされる気がします。

先生の刑訴法の書き換えのお話でとても印象的だったのは、ドイツからの亡命ユダヤ人の方とご一緒されたという経緯で……。

團藤　オプラーさんです。

伊東　[*2]アルフレッド・C・オプラー博士ですね。日本国憲法が押しつけられたものだという議論も当然あるんですが、先生が『法学の基礎』（有斐閣）にもお書きの通り、それ以前の憲法も含め、日本には「押しつけすらない」という以前の段階の憲法しかなかったわけですね。日本には有史以来、憲法と名のつくものは三つしかないわけですが、それ古代の十七条憲法にしても、帝国憲法にしても、上から賜ったものです。二〇〇七年三月付の新版を、いま一生懸命読み直しているのですが……、ここですね、「しかし、実をいうと、法は、かつては、我々に『与えられた』ものでさえもなかった」とお書きです。なんであれ、ともかく上からの「法律ありき」ということかもしれませんが、よしあしはともかくとして、イニシアチブは向こうにあっても、刑事訴訟法に関しては、実際にずいぶん先生ご自身がお書きになったわけですよね。

團藤　ええ。例えば現行犯の規定などいろいろ新しく加えることになりました。おもしろいのは準現行犯というもので、これは、向こうでは制度がまったく別のものになっているので、なかなかわかってもらえない。でもそれでは絶対に日本の刑事司法が動きませんからね。ドクター・オプラーはユダヤ系のドイツ人ですが、彼は僕には特別に何でもうち明けてくれて。何でも言うことを聞いてくれるので、いろんなことを相談して、とにかく現行犯のところはプロフェッサー團藤が自分で筆を執って案を書いてくれ、ということになりました。それで今も僕の書いた通りのものが法律になっています。なかなか難しかったですね。現行犯というのはだいたいフランス法系、大陸法系のものです。日本ではそれを受けてやっている。で、その規定はいまでもケースによっていろいろに動いていて、自由を守って運用しているんだ、という話をしたら、じゃ、それでいきましょうということになったのです。それで、現行犯に関する規定はまるまるプロフェッサー團藤に任せる、となった。僕が書いた通りの条文になりました。もっとも僕が書いた英文は直されましたけどね、おかしいところはちゃんとした英語にして、それ以外は僕の書いた通りにしてくれました。ドクター・オプラーとは非常に気が合いました。

はねつけるべきははねつけ、認めるべきは認める

伊東　刑訴法でもそうですし、もしかすると憲法もそうかもしれませんが、普通は簡単に「アメリカの思惑で押しつけられた」なんて言われます。けれど、実際にそこで示されている理念は、ロック以来の法理念を、合衆国憲法よりも、もっと先に進めたものですよね。オプラーさんが典型的ですが、第二次大戦、ヨーロッパ戦争の経験をふまえて米国に亡命したユダヤ人など、いろいろ大変な経験をした、優れた人が知恵を集めて、ずいぶん立派なものを作った。決して米国の短期的な利害、ご都合だけで作ったというふうには、現行の日本国憲法は読めない。素人目ですがそんなふうに思うのです。まあ非常に理想主義的で、軍隊に関する部分も現実的ではないという専門家がいるわけですが、いまあれだけの完成度のものは、なかなか書けないんじゃないでしょうか。刑訴法の改正でも、法を書き直すのは大変な胆力が必要だったとお察しします。

團藤　ちょうど、小野清一郎[*3]先生が私の先生でしょう。仏教学者でもあり、法律学者でもあった。そしてかなり国粋主義なんです。もし敗戦直後も現役でやっておられたら、日本の代表も小野先生だったと思います。（そうなると、自由に向こうの言うことをお聞きにならなかったと思うんですね。）ところがそうはならなかった。で、僕がその役になった。

当時は僕がまだ三十代ですからね。若かったから柔軟でしょ。だから向こうの言うこともよくわかります。わかるところはわかる、同時に、ダメなところはダメって、はねつけるところははねつける。認めるところは認める。そうやって、すっかりオプラーとはおたがいに気心が知れちゃってね。オプラーさんは三軒茶屋あたりに大きな家を与えられて住んでいて、家内と一緒に呼んでくれることもありました。すっかり親しくなってね。それはよかったですよ。向こうの人とそうやって気持ちが通じるようになったってことは。向こうも初めは、かなり敵対的な先入観が強かったと思うんです。それが、一緒に仕事するにつれて、だんだんとお互いがわかってきて、信頼が成立するようになったのです。

伊東　オプラーは元来ドイツの人で、ナチスに追われてアメリカに亡命しています。調べてみたらドイツでは三十代で行政最高裁判所の判事までやって相当優秀だったようですね。

團藤　彼はドイツやフランスの大陸法を熟知していて、その上でアメリカの法制を客観的に見ながら新しい日本の刑法体系を、日本人と一緒になって考えてくれた。日本にはとってもよかったですよ。僕も尊敬していたし、世田谷の三軒茶屋の家で親しく話をしたりして、いろんなことがありましたね。

亡命ユダヤ人の情熱

伊東　「法改正のイニシアチブはGHQが持っていた」と、何十年もあとになってから、歴史的事実として聞いてしまうと、「ああ、そうなのか」って思ってしまうんですが、ほかならぬ当事者でいらっしゃる先生から「自分は受け入れるべきは受け入れ、はねつけるべきは、はねつけた」と伺うと、ぜんぜん印象が違いますね。

團藤　そうそう。

伊東　僕は一国民として、そういう事実がもっと国民に強調されるべきだと思うんです。例えば、先生が長年展開しておられる死刑廃止論が典型的と思うんですが、今の法曹界の多くの人にとっては、法は「既にありき」で、法学はもっぱら法解釈学になっている。判例も六十年蓄積されて、その訓詁《くんこ》学だけで手一杯になってしまう。ですが先生は、それを六十何年前に手ずからお書きになったわけで、いってみれば「神の手」の観点で、最初の判例が出るところから全部ご存じです。だからでしょうか「悪法もまた法なり」という言葉もありますが、悪法、改むるべきは改むるべしというご観点を非常に明確にお持ちです。

翻って、いまの司法関係者は、ここ六十年そこらの有職故実がありすぎますので、法を改めることが容易にできない。後でお話を伺う死刑廃止一つ見ても、そもそも死刑をなくす観点が一切ないように見える。これはとても不思議な気がするのですが、憲法という根本的なものについては、わりに簡単に「変える」という話になっていますよね。立法府の段階で議論がなされるわけですが、一つの法を変えることで、結果的に発生する膨大なコスト、そういう現実のプラスマイナスを、社会はほとんど知らされていないでしょう。

團藤　当時の実情としては、根本はアメリカの考えに従う以外なかったんです。だけど、非常に絶妙なタイミングで朝鮮戦争が起こったでしょう。朝鮮戦争を始めちゃうと、日本だけをどうこうすることはできない。日本に対してはある程度のところで、なるべく問題のないようにしたほうが得策だということになった。それがマッカーサーに対するアメリカ政府の指令だったんでしょう（公表はされていませんけれど）。やがてマッカーサーは行きすぎだっていうんで呼び返されちゃったんですね。

伊東　老兵が消えていったわけですね。

團藤　ええ、我々は一緒に仕事をする過程で、マッカーサーもいいなと思うようになったけど、アメリカ本国に言わせると、朝鮮にまで原爆を使うべきだと発言したり、行きすぎだということで、早く戻されちゃった。でも、我々の「法律を改正」するというレベルは、マッカーサー級のところとは、現実には無関係でした。我々はあくまで「法律改正」のレベルで、具体的に動いていましたからね、マッカーサーが呼び返されたころにはもう直接の影響は、あんまりなかったんですよ。

伊東　なるほど。大もとの憲法が変わったあと、具体的な法律改正のレベルでは膨大な労力とコストが発生したと思いますが、それは各論の領域になっていたわけですね。

團藤　それが結局よかったのですよ、結局ね。それから関係者にはユダヤ人が多くてね。日本に来ていたアメリカ人はユダヤ系が多かったでしょ。我々はユダヤ人に偏見を一切持っていませんから。ユダヤ人は我々に言わせればいい人ですが、『ヴェニスの商人』の金貸し、シャイロックみたいな守銭奴のイメージをヨーロッパでは持たれていたようですね。

伊東　そういう偏見を持たれた、ナチスに迫害された経験を持つユダヤ人たちが、東洋の島国のために自由と民主主義の理想の憲法を作ろうと心血を注いだということを念頭に、日本国憲法を改めて読み直してみると、新たな発見ができそうな気がします。

2. 昭和天皇のプリンシプル

マッカーサーと昭和天皇

伊東　戦後、新しい憲法を最初に読まれたときのことは、ご記憶でいらっしゃいますか。

團藤　新憲法は草案要綱という形で初めて見ました。これはGHQの差し金ですから、我々はなんとも評価のしようがなかったです。ただ、やはりアメリカの占領政策には日本を将来アメリカの友邦にしたいという頭があったわけでしょう。だから決して敵に回さないようにした。天皇制は大事にしなければならない。天皇制に手を着けたら日本はおしまいでしたから、これは大事にしてくれた。皇室の人たちは安堵《あんど》したと思います。

それから昭和天皇がマッカーサーを訪ねて行かれた。マッカーサーはヒトラーみたいな、ああいうタイプの人が来ると考えていたらしい。そうしたら昭和天皇でしょう。立派な方ですからね。もう一目見てすっかり惚れ込んでしまってね。私が見たのは写真です。当時はまだテレビなんかありませんから。そのころは新聞に写真が出て、陛下とマッカーサーと並んでおられるところが写っていた。ちょっとマッカーサーとこのくらい（両手を拡げる）距離を置いてね。でも、おおらかなご様子でね。それで日本は助かったんですよ。戦後の日本の最大の恩人は昭和天皇だと思います。昭和天皇はそのときマッカーサーに特別の感銘を与えたでしょう。それがマッカーサーの根本観に一番強い影響を与えた。吉田茂さんなんかも立派な人だったけど。吉田総理もマッカーサーとは非常に親しかったですからね。吉田さんともいろいろ話したことがあります。立派な人で、大変な功績があるけれど、やっぱり最大の功労者は昭和天皇です。その、マッカーサーと一緒の写真、おおらかに、にこにこと笑ってはおられないけど、春風駘蕩《しゅんぷうたいとう》の様子で。あれで日本は助かったんです。マッカーサーのGHQは天皇をヒトラーとかムッソリーニみたいなタイプの暴君だと思っていたらしい。ところがそうでなかったので、マッカーサーの考え方、感じがすっかり変わってしまって。これが占領政策にどのくらい影響したか知れません。

昭和天皇の軍人評価

伊東　二〇〇六年の夏、軽井沢でお話を伺ってとても印象深かったのですが、團藤先生は昭和天皇とご一緒されるといつも、なにか学問上の先生のような気がして、思わず「先生」と口走りそうになられるという……。

團藤　ええ、それはまあ、ずっとあとのことですけどね。

伊東　昭和天皇とご一緒されたというのは、いつごろのお話になりますか？

團藤　昭和五八年（一九八三）に最高裁判事を退官して、東宮職参与、宮内庁参与になったでしょ。それで、比較的頻繁にご一緒することがあって。一度はね、どういう機会だったかね、陛下がここにいらして、僕がそのすぐ横にいてね、前に宮様が一人いらして、三人でご一緒しました。宮様と陛下の間のお話はほんのちょっとで、主に私に対してお話しいただいて。いろんなお話をされましたよ。いまはもう話してもいいと思うけど、今まであまり言ったことはありませんけどね　昭和天皇はもう、大の軍人嫌いで。

伊東　ほう……、どんな具合だったのですか？

團藤　本当に軍人がお嫌いでね。ましてや陸軍　太平洋戦争に関する陸軍は言語道断ですよね、海軍はまだよかったけど、でも海軍も含めて軍人はお嫌いでしたね。

伊東　先生が東宮職参与として頻繁に参内されたのは昭和五八年から、ということは、いま伺ったお話は、昭和天皇晩年の消息としてたいへん貴重なご証言だと思います。敗戦直後の昭和二一年に天皇側近だった元外交官の寺崎英成が書き留めた『昭和天皇独白録』[*4]では、天皇が東条を評価していたという記述もありましたが、それとずいぶん印象が違います。

團藤　それは全然違う。大のお嫌いでしたよ。大変深刻なご様子でおっしゃったので、伺っていて、私にはよくわかりました。陛下は、どのようなプリンシプルで戦時中は行動なさいましたか、と私が伺ったらね、「もっぱら憲法、憲法の条文通りに行動した」とおっしゃったのです。たいへん感銘を受けました。それは立派なもんでしたよ。それはもう確信を持ってそうおっしゃったですね。

伊東　なるほど。昭和天皇は公の場では人物評価を一切語っていませんが、側近にはいろいろと話していたといわれています。いまのお話は、入江相政侍従長が聞き書きしたとされる幻の「昭和天皇拝聴録」[*5]もかくや、と思われる大変貴重なものですね。

團藤　それで、戦争中の陸軍なんかは言語道断、海軍にしたって決していいとは言われない。昔の、東郷元帥あたりはどうでしたかと伺うと、これも最後は決していいとはおっしゃらなかった。昭和天皇は非常に客観的な観点でものをご覧になっていたと思います。

伊東　東郷平八郎は、いうまでもなく日本海軍の大御所ですが、昭和天皇の皇太子時代の東宮御学問所総裁も務めていますから、若い昭和天皇から見れば大久保彦左衛門みたいなうるさいご意見番だったのでしょう。晩年の東郷については、歴史家の間でも評価が分かれますね。漏れ聞くところでは、昭和天皇は摂政宮時代、イギリスなどに外遊してリベラルな思想を身に付け、「社交ダンスなども踊るとは、現人神としてよろしくない」と周囲の元老が非常に心配したりしたとか。ともあれ昭和天皇は立憲君主制の感覚を持っていたのでしょう。そうすると「憲法に忠実」が戦時中のプリンシプルというのはよくわかります。Ａ級戦犯の問題がしばしば話題に上り、確かに東条は昭和天皇が首班指名して首相になったし、それで東条は天皇の信用を得ていたということになっていますが……。

團藤　信用されていたわけじゃないんですよ。憲法上ね、そういうときには天皇としてはそれ以外にないから。昭和天皇はね、「もっぱら憲法の規定通りに動いた」ということをよくおっしゃっていました。憲法の規定通りということで、東条に対しても、憲法の規定通りに相対したと伺っています。

伊東　そうすると、私はこう理解したのですが……。昭和天皇はまだ二十代の即位しての頃、東郷老元帥に対して反発感を持ったかもしれない。けれど、実際には天皇ですから、憲法に従って行動するしかない。その同じ人が、一九四一年の一二月以降の太平洋戦争遂行期にあってどう振る舞ったか？　もちろん統帥権があるので、それを使って戦争をもっと早期に止めることもできた。その責任を問うことは可能でしょう。でも天皇自身は基本的に遵法的に動いた、憲法を行動の原理にしていたと、そういうことですね？

團藤　ええ。これは昭和天皇、陛下がいらして、私がその隣にいて、二人だけでだいぶ長いこと話しました。そのときに、私を心から信頼してくださって、そういう本当のご心境をよく伺ったんです。もう非常に真剣なお顔の表情で、そういうことをおっしゃったですね。東郷元帥でさえも信用されなかった。軍人というものはお嫌いでしたね。もう心底からお嫌いで、昭和天皇は、本当の平和主義者でいらっしゃいましたから。

3．戦時下の東京帝国大学法学部

五・一五事件と二・二六事件

伊東　ここで先生の法律学者としての歩みを少し振り返らせていただければと思うのですが、ご年譜によれば先生が助手になられたのは昭和一〇年（一九三五）ですから、二・二六事件の前の年にあたりますね。

團藤　そうですね。

伊東　助教授になられたのは事件の翌年ですので、まさに日本が大変な状況になるところから現役の東大教官としてすべてご覧になっていらっしゃったことになります。ちなみに二・二六事件当日の様子は、どんなだったのですか。

團藤　あのときは美濃部達吉[*6]先生が、もう現役ではなくて大学は辞めておられたけど、研究室には出てこられていました。ところが反乱軍のああいう連中が、なにするかわからないというので、本郷の警察署で保護されたんです。「先生方においでいただきたい」ということで、美濃部先生と宮沢俊義先生とね。僕は宮沢先生の講義は聴かなかったと思うけれど、もう教授にはなっておられました。それと横田喜三郎先生。リベラルな先生を保護して。拘束じゃなくて、反乱軍の連中がなにするかわからないからお身柄を保護する、ということで警官がやってきました。二・二六のときは例の反乱軍たちが発砲するんですよ。ドーン、ドーンという音が聞こえてきて。そして、当時はテレビはないのでラジオでね、砲声、銃声が聞こえたら、布団を積んで銃声のする反対側にじっとしてください、そうしないと危険ですってね。下宿屋のラジオにかじりついて聴いていると、そういうことを言うんです。まあ、どうせ下宿だから、こっちは大丈夫なんだけど（笑）、でも本当に布団を積んで音のする反対の方に潜んでいました。

伊東　当時、下宿はどちらでしたか。

團藤　追分町です。本郷追分町といいました。栄光館という下宿屋で、もちろん、もう今はなくなりましたが。銃声がひとしきり収まったころにそこを出てきて、とにかく研究室まではやってきた。助手ですから共同研究室です。うわさでは、美濃部先生、横田先生は本郷署で保護されているという。保護といったってどういうものかわからないですけれど、非常に深刻な感じでした……。ちなみにその前の五・一五事件（一九三二）のときは学生でね。

伊東　昭和七年ですから、ちょうど先生が東大に入学された年ですね。

團藤　犬養毅さんが殺されたときですよね。大学に入学してすぐの五月でね。僕は岡山県の旧制六高出身です。犬養さんは岡山の方で、県人会の連中が犬養さんを呼んでくださるというので楽しみにしていたんですよ。そうしたら、その前に事件でやられちゃってね。とうとうお目に掛かれなかった。残念でしたね。海軍の若手士官たちがピストル持って首相官邸に乗り込んだでしょ、次々と。みんなあわてたのを、犬養さんは「話せばわかる」と言って、みんな来なさいと言われた。それで話をしかけたんですよ。そうしたら撃たれちゃってね。

伊東　「問答無用」ですね。

團藤　話を始めたら説得されちゃうでしょ。犬養さんって立派な人ですからね。僕も同県人だったけれど、なかなか剛の者で知れ渡っていて、議論したらかなわない。それがわかっていたんでしょう。うっかり議論に乗ったら大変だっていうんで「問答無用」。そういうことで、（犬養さんは写真ではしょっちゅう見ていましたけど、とうとうお目にかかる機会がなくて残念でした。）それが昭和七年。それから戦争まではまだ少し間があって、昭和一〇年に東大を卒業して二年間助手をして、一一年が二・二六で、一二年の春、夏近くに助教授になったのでした。

伊東　いま伺っていてなるほどと思いました。まさに昭和が動いていた時期に、学生生活、そして助教授生活をスタートされたわけですね。

美濃部達吉先生と天皇機関説

伊東　助教授にご任官されたころは、日中戦争も始まっていて、まさに大変な時期だったと思うのですが、当時の大学はどんなだったのでしょうか？

團藤　大学では、美濃部先生が憲法、牧野英一*7先生が刑法、それから穂積重遠《しげとお》*8先生の民法とか末弘厳太郎《いずたろう》*9先生の労働法とか、そういう有名な先生がたくさんおられました。美濃部先生は見事な方でね。頭のいい方ですよ。論理的で記憶力がずば抜けていて。講義はなんにもなしで、素手で教壇に上がってこられる。憲法は条文が少ないからそれでいいんですけど（笑）、行政法も担当されて、行政法っていろんな法律ありますでしょ。それが全部頭に入っている。講義案も六法全書もなしですよ。両手を振りながら、長身で、といっても背丈は僕とだいたい似たり寄ったりですが、さっそうと上がっていく。

伊東　いまなさった、美濃部先生の歩き方、もう一度見せていただいていいですか？

團藤　ああ、ではちょっと、立ってやってみましょう、こうやって……。

伊東　なるほど。背筋の伸びた、よい姿勢ですね。

團藤　それでいきなり教壇に立つとすぐに講義を始めるんですよ。講義がまた論理的でね。第一にこれこれ、第二にこれこれ、第三にこれこれときて、第一の中でイロハとわけて、第二もまたイロハにわけて。こっちは一生懸命筆記するでしょ。帰ってから自分のノートを見ると、もう本のような立派な体系になっている。素晴らしい頭のよさですねえ。そのころはもちろん国家法人説、天皇機関説ですからね。我々もそのことは当然だと思って、美濃部先生のおっしゃることは信頼しきって、その点は偉いとも何とも思っていなかった。だけどそれは当時としては大変なことだったんですね。もうそのころから右翼の連中が目を付けてね。やがて僕が卒業してからになりますが、先生が貴族院に入られて、貴族院に天皇機関説があるのはけしからんと、議員の中にも糾弾する連中が出てきた。そのほかにも、名前はすぐには思い出せませんが、けしからん連中がたくさんいて、外の連中と通じて議会の中でも糾弾が始まった。斎藤隆夫[*10]さんという有名な方がいて「美濃部先生は正しい」と、大変に奮闘されたんだけど、斎藤さんは議会を追い出されてしまった。美濃部先生は起訴されることになりかけて、検察庁では「もし貴族院を辞職されれば不起訴にする、起訴猶予にしよう」ということで結局、先生は貴族院を辞められて、不起訴になったんです。そういう時代でしたね。だけども美濃部先生は一歩も学説は曲げられなかった。立派な方です。

こんな思い出もあります。美濃部先生が本郷通りを歩いていると、背の高い方でね、帽子をかぶって。我々が行き違うと、法学部生は襟章が「J」の字でしょう、それを見ると、お辞儀するだろうと思って、ちらっとこっちを見るんです（笑）。おもしろいことに。偉い先生だから当然こちらからお辞儀をするんですけど、向こうが初めから、ちらっ、ちらっとこっちを見てねえ（笑）。なんともいえず親しみを覚えましたね。立派な方ですけど、決して無関心ではないんです。学生はみんな角帽を被って制服を着てますから、すぐわかるんです。で、Jの字を着けてるとね、あ、法学部だと。そしてこっちがお辞儀すると、必ず礼を返されましたね。むしろ礼を返されるためにこっちを見ておられる。非常に論理的であると同時に、人間的に偉い方でしたね。

伊東　戦後GHQが来て新しい憲法になったとき、すでに欽定憲法下で刑法、刑訴法で大きなお仕事のあった先生が新しい刑訴法を書き下ろされたわけですが、先生が最初に憲法学を学ばれたのは天皇機関説の美濃部憲法学で、そのリベラルな憲法解釈をもとにすべてのお仕事をされたのですね。言われてみれば当たり前ですが、非常に新鮮に感じました。

團藤　そのころは頭が白紙でしょ。美濃部先生ほどの大家が言われることだから、あたまっから本当のことだと思っていましたからね。どんなことを言われてもね、それを特別えらいことだとも思わなくて、当然だと思って聴いたんです。今考えるとたいしたことを言っておられたわけですよね。天皇機関説なんていうと、世の中からみれば国賊みたいなことを言われる。それを堂々と、東大の教壇でしゃべっておられる。見事なものでね。

伊東　要するに、團藤先生の憲法理解は美濃部先生直伝ということですね。

團藤　その通りです。当時は宮沢先生は、[*11]もう教授にはなっておられたが、講義をもっておられなかった。それともうお一人が筧克彦先生、有名な方ですよ、神道の。

伊東　ええ、有名ですね。

團藤　憲法の第二講座は筧先生だったんですけどね、神道だから僕ら敬遠してね、学生はほとんど彼の講義を聴かなかったと思うんです。僕らの間ではなぜか点が甘いと評判で、点が甘い講義などまっぴらゴメンだと思いまして（笑）。僕ら学生は、もちろん天皇が神だなんて思いませんよ。美濃部先生もね、「上御一人《かみごいちにん》」という言葉を使って、天皇に神格は全然認めない。国家機関説（つまり国家は公法人である、その法人のひとつの機関として天皇というものがあるという見方）ですから。もちろん敬語は使われて、よく上御一人と言いますよね。それは何も神格を認めたわけでなく、あくまで国家機関説（国の機関としての天皇）。ただ地位の特別に高い尊敬する方ですから、「天皇」と呼び捨てにはしなかったですね。大正から昭和の初期ごろまでは、世の中一般もリベラルな風潮が普通でしたから。それが、小田村という右翼の若者がいてね、美濃部学説はけしからん、国体に反すると反逆を起こして、それに同調する右翼がだんだんと増えてきてね。

伊東　＊12蓑田胸喜《むねき》とかですね。

團藤　キョーキの沙汰（笑）と、よく言ったものですね。

伊東　先生は蓑田氏をお見かけになられましたか。

團藤　見たことはあるかもしれません。写真なんかはよく出ましたからね。けしからんやつだと思ったものでした。

平泉澄先生との出会い

伊東　ちょうど一年くらい前でしたでしょうか、平泉澄《きよし》先生[*13]のお話を伺ってびっくりしました。平泉先生も蓑田氏も、僕らにはもう歴史上の人物で全然よくわかりません。僕は評論家の立花隆が『文藝春秋』で連載した「私の東大論」（『天皇と東大』所収）で平泉教授のことを知ったのですが……。

團藤　平泉先生は立派な方でね。国史の先生でした。大学時代はお目にかかったことはないんですがね、東大を一九七四年に定年退官して最高裁に入った頃、各地の管内を手分けして視察して歩いたことがあって、ある年は北陸の方に行くことになりました。そこで平泉先生が宮司をしておられる福井県の白山神社に行ってお目にかかったんです。地裁の所長から連絡がいってね。そうするとね、神社の階段がずーっとあるんですが、車を階段の下に停めて、そこから見上げると、神主さんの服装をした人が、長い杖をついて、きちっと待っておられる。それが平泉先生でした。とても丁寧な方でね。階段を上まで上がっていくと大変丁寧に挨拶されて。こちらは最高裁判事ですから、管内をご案内しましょうとね。目の前の山はひとやま、豊臣秀吉が白山神社に献納したものだそうですよ。それで、安堵状というものがあって、團藤先生にお目に掛けましょう、と奥から出してくださって。畳二畳分、一坪あまりの大きな大きな紙に秀吉の花押《かおう》があってね。昔流の地図が描いてあって、その全部を白山神社に安堵するって書いてあってね。秀吉の自筆の安堵状ですよ。お宮に納めてあった、宝物です。それを座敷に拡げて見せてもらいました。それから山をずっと案内してくださってね、こう、杖をついて。

伊東　ああ、いかにも神官さんらしい姿勢ですね。

團藤　文学部の国史の先生でしょ。国粋主義で有名な方でね、どんなに国粋主義で激しい人かと思っていたら、特別丁寧でね、よくいろんなものを見せてくださって。安堵状をはじめとしていろんな宝物を片っ端から。いろんなことが平泉家にあったとおっしゃって。東京に帰ってくると、あとで自伝を五、六冊送って下さいました。『悲劇縦走』という題の本です。平泉先生は神主さんらしい非常に清浄な、きよらかな感じの方でしたよ。一緒にいるとこちらまで爽やかな気分になって、何かお宮参りしたくなるような、まさに清浄という言葉がそのまま当てはまるような方、国粋主義を感じさせない本当に立派な方でした。

伊東　息子さんは衆議院議員、経済企画庁長官・科学技術庁長官も務めた平泉渉さんです。

團藤　この息子さんには園遊会で会ってね、そうすると、「親父は先生にも会われたそうですね、うちの親父は法律学者にまで興味を持っているんですか」と言われました。あまり親父さんのことを評価していなかった口調でしたね。だけど息子は親父に対してだいたいそういうものですからねぇ。平泉先生には今から考えても、ただただ頭が下がる。そして平泉先生が一番評価されたのが誰かというと、美濃部達吉先生。

伊東　え？

團藤　ちょっと予想外でしょ。もう、美濃部教授は立派な方だと、大変に、心酔するくらいでした。それから、あのころ随分いろんな右翼の人がいましたでしょう。国粋主義の。そういう人は片っ端からダメだと。みんな邪念があるんですね。邪念があってダメだと。平泉ところが美濃部先生は邪念もなにもない、ただただ、全くまっすぐな方ですからね。平泉先生が一番評価されていたのが美濃部先生。これにはちょっと驚きました。僕の先生は小野先生でしょう。右翼じゃないけど、国家主義ですね。小野先生は僕の恩師だけど、平泉先生はあまり評価してくださらなかったですよ。まっすぐな、純粋な方を好きでいらっしゃる。送って下さった著書は、いまも大事に保存しています。平泉先生はそういう純粋無垢な方だという印象ですね。

伊東　これですね、『悲劇縦走』。お手紙が挟んでありますね。拝見してもよろしいですか?

團藤　ええ、どうぞ。今度一日掛かりで書庫を見るといろいろ面白いものが出てきますよ。

伊東　……これは大変驚きました。美濃部達吉博士の推薦のお陰で、私は弱冠二十七歳で九州帝大の国史学の主任教授に就任することができた。美濃部博士とは学問の違いや理屈や利害を超えた人間性、魂のつながりがある。美濃部の著書は熟読し、美濃部学説を誰よりも深く理解している。美濃部学説は、それに反対するどの学者よりも学説としては深い。そしてその深いところで、自分は美濃部の説には反対だが、天皇機関説事件で私は一切、美濃部を批判する側には与《くみ》しなかったとあります。こんな私信が存在するのですね。

團藤　ええ（笑）。面白いでしょう?

伊東　……こういうものを拝見すると「平泉澄は狂信的国粋主義者」と、簡単に片づけられなくなります。歴史学者が一次資料に当たる重要性は理解していたつもりですが、このような本物を拝見してびっくりしています。貴重なお手紙をありがとうございました。

第2章

死刑廃止は理の当然

1. 九十三歳の最新刊

森羅万象を扱う刑法学

伊東　先日、先生から頂戴しました『法学の基礎〔第2版〕』を改めて拝読して（楽しいと申しますか、）いろいろな感想を持ちました。変な話ですが、刑法の対象っていろんなことがありますよね。その、たとえば、補注の中にあった細かい話で恐縮なのですが、六十年前の先生の論文、まだ拝読していませんけど「姦通論」とか。

團藤　ああ、あれは中央公論から頼まれたものでしたね。

伊東　なんというか、理系出身の私には、ある種下世話な雑誌を覗くのに似た好奇心を持って拝読していて、むしろ不純かもしれないですが。たとえば尊属殺人とか不敬罪とか、そういう議論とも関連しながら……明治初年には「鶏姦条例」というものがあったとか。

團藤　ええ、名前だけね、大変な名前だけど。

伊東　ただそういった下世話な話も、真正面から論じられる。そういうことを口にすべきじゃないという、一見上品な考え方も世の中にはあると思うんですが、法という枠組みは社会の森羅万象全部をとらえなければならない。そこから見ると、どれも正確に位置づけができる。それがとても興味深く思われます。さらにそこから、少し法を歴史的に遡りますと、すぐに中世の聖トマス・アクィナス*14などが出てくる。つまり『法学の基礎』のなかには、ありとあらゆる崇高なお話から、下世話なことまで、刑法の対象になる世界のすべてが……。

團藤　ハハハ。

伊東　まあ、特に刑事罰の対象は下世話な話が多いですし、それらが人間の「内面の問題」にかかわりますと、すぐに聖トマスとか、中世以来の西洋法学の深い問題と直結しますので、その変幻自在というんでしょうか。それがとても面白いです。

團藤　法学というのは、徳川幕府時代と現代とで、つながりのない学問なんですよ。法律制度としてもほとんどつながっていませんわね。まあ、何らかの底流はつながっている。同じ日本人ですから、先祖たちの考え方と根本の心理とかはね。フランス、ドイツ、アメリカ人と、日本人とでは考え方、感じ方が違うのは確かですね。日本人は徳川時代と今とですら、ある意味で共通点がある。僕の祖父は亡くなったのが明治一二年だから、祖父から一言も直接話を聞いたことはないんです。でも親父を通じて、ある程度は感じがわかります。うちは武家なもんだから、剣術の極意の巻物だとか、いろいろ残っていて、子供のころは古くさいことはよく勉強しましたね。

伊東 ところで『法学の基礎』は中央大学で使うというので全面改訂されたのですよね。

團藤 立石二六《にろく》教授という方が「四月から教科書に使いたい」と言ってきたのです。

伊東 でも、そこで丸々一冊、改訂版をお出しになるというエネルギー。すばらしいと思います。歴史をご自身で作ってこられた九十三歳の先生の手になる新しい教科書で、十八、九歳の大学一年生が学べるというのは、素晴らしいことです。

陽明学の新著執筆中

團藤 実はもう一冊、自叙伝を書いているんです。このごろはすぐに疲れちゃって。もう一日の仕事量は決まってるんですよ。まあ、せいぜい一日六、七時間。

伊東 せいぜい六、七時間！

團藤 昔はほとんど徹夜してても大丈夫だったんですけれどもね。

伊東 でも、先生がいま「せいぜい六時間」とおっしゃるのは……。

團藤 陽明学は僕の主体性理論の基礎ですからね。主体性理論っていうとみんなドイツ

[*15]のメッガーあたりを考えますが、彼は生物学的です。彼も立派な学者ですが、ナチスの考え方に傾いていて、全然、僕の考え方とは根本が違う。これと違って陽明学は立派ですよ。特に、[*16]熊沢蕃山《ばんざん》以降のね。今書いている自分史を読んでくださるとわかっていただけると思います。現在さかんに書いています。

伊東 陽明学に関しては、是非あとでまとめてお話を伺いたいと思います。

2. 團藤法学はポストモダン

ロラン・バルトと戦後の零時

伊東 先生は『法学の基礎』の最末尾をゲーテの「ファウスト」で締めくくっておられます。さらにその最後に掲げた註が、[*17]ヴィクトール・フランクルの引用で終わっている。この書物のもっている品位といいましょうか、その矜持をひしひしと感じました。

團藤 それは、本当にありがとう。よく読んでくれてねぇ。

伊東 エピローグに引用されたファウストの独白のパラフレーズ「『始めに言葉ありき！』いや、『言葉』ではなくて『意味』である、いやちがう『意味』ではなく『力』である〈……ここで言う力は内的なものですよね……〉いやいや、〈そうではなく〉『行為』『業』である」。これは「わざ」タート〈Tat〉ですね。この言い換えに、たいへん感動しました。

團藤　じっさいここは僕が『ファウスト』のいちばん好きなところでねぇ。

伊東　この『行為』が先にある、という話を引かれたうえで、團藤先生はフランクルの話をこの本の一番最後に引用されました。これによって、第二次世界大戦後に法律を原点から考え直すとき、ナチスやファシズム、全体主義が「初めに」犯してしまった「行為」、それら全部を引き受けなければならなかった、それを意識しながらこの一書全体を読むべきなのだと、明確に理解できたのです。実際、一番重要なあらゆる問題に『法学の基礎』は滑らかにつながっています。そのことに深く感動を覚えました。

また、そのあと先日、先生のご蔵書から、細かな書き込み入りのロラン・バルト*18の『S/Z』をお貸しいただいて、本の扉にスクラップされていた、バルトと山田風太郎*19の『明治十手架』とを並べて論じておられる一九七三年の先生の「法学セミナー」のコラムを拝見して、心底びっくりしてしまいました。

團藤　ハハハ、またそんな細かいものまで読んで下さって。

伊東　だってバルトの「彼は〈物語った〉ために罰せられる」なんて表現に團藤先生が鉛

筆で傍線を引っ張っておられるのです。内心には法の網は掛けられない。人間には基本的な自由があります。でも、いったん調書を取られたら、それで立件することができる。これは刑訴法そのものじゃないですか。これを深読みしなくてナニを読めばよいのでしょう。

團藤　アハハハハ（大笑）。よくわかっていますね。

伊東　こんな贅沢《ぜいたく》な「テクストとの戯れ」[20]はありません。鉛筆で記されたバルトへの傍線を頼りに、記号学に寄り添う形で先生の法思想を丹念にトレースできるような気がしました。これは二〇世紀の人類の知の営み、スペンサー的社会進化論[21]が優生学[22]や差別、予防法制からファシズムにまで結びついたことや、一九四五年を境に、動的な人間の実存を先生が明確に自覚され、新憲法の下で刑事法体系を書き下ろされて、爾来二〇世紀の法文化の最前線を六十年以上生きてこられた現実を肌身に感じることができました。

團藤　そんなふうに読んでもらえると、本当に嬉しいですねぇ。

強制収容所と決定論刑法学

團藤　でもね、バルトを何冊もきちんと読んだわけではないのですよ。

伊東　いえ、本を読んだとか、読まなかったというようなことじゃないんです。ある時代を共有し、そこを確かに生きた知性の営みの並行性ですよね。第二次世界大戦後、「エクリチュールの零度」[*23]という倫理的な眼差しを向けたバルトの姿勢は、僕には二度目の文系大学院（東京大学大学院総合文化研究科超域文化科学専攻表象文化論）時代から親しいものです。ところが、ロンブローゾ[*24]的な決定論的犯罪論を法の硬直として排し「実存は変化するものである」と捉え直して刑法のお仕事をなさった團藤先生が、さらに人類の第二次世界大戦の経験を、アウシュヴィッツ以後の「夜と霧」の深遠から見つめなおしておられたとは。

團藤　ええ、まったくそうなんですね。

伊東　この七月、僕はドイツの作曲家シュトックハウゼンのセミナーに参加してきたのですが、彼と議論していて、作品の中で決められた音楽のルール、ここでは音列（セリー）というのですが、その原則から外れてゆく（規則を逸脱する）ケースについて、いろいろ考えていたのです。そんな話をするうちに、シュトックハウゼンのお母さんが一九三〇年代にノイローゼを病み、精神病院に入院させられ、そこから強制収容所に移送されて……。

團藤　なんという……。

伊東　それで結局、ナチスの政策によって一九四一年に殺害されたことを、一見ぜんぜん関係ない、作品の分析の過程で、改めて知ったのです。通知では白血病ということにされて、遺灰の処置に関しても凄まじい話を聞きましたが、それはそれとして、そこで「あ、これは團藤主体性理論だ」と気づいたんですね。

團藤　それはいったいどういうことですか？

伊東　シュトックハウゼンは、「音列」という「音楽の遺伝子」ですべてが決定される「トータル・セリエリズム」という作風を確立した人です。ところが多くの人がルールからの逸脱を悪いことのように思うのに、本人は比較的大胆に好きな変更を加えるんです。「フロイデ（喜び）」という昨年書かれた新作の中に、突然脈絡なく短二度という音程のモチーフが出てくるのですが、シュトックハウゼンは「これは夜中に啼く鳥の声だ」というのです。どこで啼いたかというと、イギリスが南アフリカに作った強制収容所で、ボーア人の収容者たちがそれを聞いた、解放を予告するような、神秘的な声が突然した、というテレビの番組を見て、それをここに書き記したとシュトックハウゼンは言ったんですね。

團藤　ほう？

伊東　そのときピンときたのです。ナチスのユダヤ人政策や差別主義、心身障害者など

「生まれつき能力が低く生産性がない人間」を殺処分してゆこうという「優生学」は、まさにロンブローゾ的な決定論、そのものではないですか。

團藤　まさにその通りです。

伊東　そのことを『法学の基礎』で強く印象づけられてからドイツに行ったら、シュトックハウゼンが「決定論的なセリーからの逸脱」として「強制収容所で夜啼く鳥の声」が、いきなり入ってくる、というので、あっ、と思ったんです。音列というシステムに立脚しながら、それを決定論的に取り扱うのではなく、局面に応じて自在に変改することは、ゲノムというシステムに立脚して生まれてきながら、おのれの主体性によって動的に変わってゆく人間と、全く同じ格好になっている。

團藤　それは面白いですねぇ！

伊東　最近はゲノム科学が流行って、決定論への退行が著しくなっています。「癌遺伝子があるから、この赤ちゃんは何歳で癌死する、あなたの寿命は何歳」みたいなことを、ある種の科学者が安易に発言しますが、これは決定的に間違っています。同じゲノムから後天的な環境でさまざまに異なる形質が発現する科学的事実は、一卵性双生児の寿命が異なることからも自明で、遺伝子実験をしている科学者なら誰でも知っている。ゲノムには膨大な可能性の束が記されていて、実際の人生で読み出されるのは、ほんの一部なのですから。でも大規模な学術予算がゲノム決定論的な研究に流れ、決定論科学が優位に見えたりして、東大でも学生たちが「決定論科学のほうが優れている」なんて偏見を、二一世紀に入ってから、つとに持つ傾向があります。「ゲノム検査したら癌遺伝子発見、余命はどれだけと言われた」なんて悲観して、早まって自殺などされたら大変です。自分の持つどのゲノム情報を読み出すかは後天的に変わる余地が圧倒的に大きいのですから。

團藤　ああ、それは全くそう思いますね。

ポストモダンとしての團藤法学

伊東　だからなおさら思うのです。先生は、世代的にまさにサルトル[*25]とバルトの間に位置される、地球規模で同時代的に最先端の知性として法学の知の営みを実践しておられます。サルトルについては、レヴィ[*26]＝ストロースによる痛烈な批判や、社会主義、マルクス主義の後退などによって、（私たちが十代の知的ミーハーだった）一九八〇年代にはすっかり評判を落としていて、私自身不勉強なのですが、先生が、お友達のカール・ポパー[*27]と議論された「間主体性」の問題を「変化する動的な実存」の問題として捉えるお立場は、フランスの文脈で考えるなら、まさに、後にレヴィ゠ストロースが「静的な構造」と批判されるようになった「ポスト構造主義」以後の思潮に重なります。

團藤 そんなことは全く考えたこともありませんでした。

伊東 團藤先生は、世界史的に見て、まさに「ポストモダン」の刑法学者と拝見します。モダンというのはチャップリンの映画「モダンタイムス」みたいな効率主義で、それを突き詰めるとナチスのファシズムに行ってしまう。そうではない、人間の観点、弱者の観点に立ち戻ろうというのが、ここで僕のいう「ポストモダン」です。実際この思潮に位置する哲学者ミシェル・フーコーの監獄論や科学的社会論は、一九八一年、ミッテラン政権によるフランスでの死刑制度廃止を準備するものになっていると思いますし。

團藤 なるほど、そのような繋がりもあるわけですね。

伊東 二〇世紀のもっとも重要な思想の結節点に、先生の主体性理論、あるいは法の動的間主体性理論と、その必然の帰結たる死刑廃止論は位置している。先生の刑法論は社会科学である以上に、ポスト構造主義に並行する法哲学として読むべきだと感じました。

團藤 うん、うん。

伊東 こうした同時代性は、フランスの実存主義にも存在したし、作曲家シュトックハウゼンの手技の中にもあったし、同じように日本の法制度の中にもあった。そう認識できたことが僕には決定的でした。少し前までは「自分は法律は素人」と、もっと及び腰だったのですが、それが「自分自身にとっても大切なモチーフが法律の中にも確かに存在する」という確信に変わって、いまこうやってお話を伺えるようになりました。二〇世紀の重要な思想の結節点に、團藤先生の主体性理論がある。人間は生まれつき運命的に決まった存在ではなく、後天的なさまざまな要因でダイナミックに変わっていけるものだ、その変化、刑法で言うなら矯正主義を、人間の主体性として最大限重視することが、人の尊厳を守ることに他ならない。そういうことだ、と、法律を読む観点でも、また自分の主体的な芸術の問題でも、得心できるようになりました。

團藤　法律は主体性をもって理解されるべきものですからね。

伊東　本当です、なんといっても「主体性理論」ですから。

團藤　それはそうだ。ハハハ。

マスメディア、ファシズムと法思想

團藤　このごろ、だんだん耳が遠くなって、話を聴き取る力が半分ぐらいに減りました。

伊東　ご安心下さい。母が晩年難聴だったので大きな声でお話しするのには慣れています。

團藤　ただ、耳が遠くなって良いのは、中に籠もって自分で考えるでしょう。考える時間が多くなりますからその点はプラスですね。外から入らない代わりに自分で考えるから。

伊東　ああ、外からの雑音を排除するのは、情報整理の観点でも重要ですね。

團藤　原稿を書くのなんかはいいですよ。原稿は黙って書きますからね。

伊東　私は物理の大学院と文科系の大学院と二つ出たのですが、文科のほうでは「音楽を聴く脳」の生理を扱いながら、それを倫理的な観点から考察する仕事で学位を取りました。ナチスドイツなどのファシズムは、ラジオや映画などマスメディアが生まれたために、人類にもたらされたものです。そこで視聴覚の認知を細かく調べてみると、人間は目や耳から入った刺激が直ちに感情を刺激して、よく思考する以前に意思を決定してしまう生理的な特性を持っていることが分かります。だから耳が遠いと、メディアに流されない強みがありますね。こんな観点から、例えばフランスの哲学者で作家のモーリス・ブランショの論考を読みなおすと大変興味深いです。ブランショは一九三〇年代、極右の反ユダヤ主義に傾倒してから、四〇年代以後レジスタンスに転向して、慎重な「振り返り」の必要性を語っているのです。ちなみにミッテランも三〇年代、右翼として政治生活をスタートさせています。ブランショは古代ギリシャ神話のオルフェウス神話を引用していて……。

團藤　ああ、オルフェウスですね。亡くなった妻を冥界に迎えに行った。

伊東　そうです。死の国から現世に通じる真っ暗闇の中を歩くオルフェウスが、冥界の神ハデスとの約束で、決して後ろを振り返らないという条件で、死者の国から妻を連れて帰ってもよい、という約束をするわけですが、本当に後から妻が歩いてきているか、どうしても気になって、あと一歩で地上というところで振り向いてしまう。その心理を引き合いに、ブランショは疑うことの重要性を議論します。世論がみんな「ユダヤ人は追い出せ」と過熱しているとき、一人ふと冷静になって振り返ることの困難さと大切さですね。

これは時代を超えた問題です。テレビやラジオで「フセイン」「金正日」「大量破壊兵器」「残酷な殺人事件」がどうこう、とキャンペーンしているとき、私たち自身の目や耳、脳はどのように反応してしまうのか。メディアが真実を伝えている保証はありません。というより「事実報道」は不可能に近い理想です。ここで人間の知覚を生理的に調べ、結果に基づいて関連の問題を考えるのはとても重要で、さきほどのシュトックハウゼンとか、古くは哲学者のベルグソン、メルロー＝ポンティ、ウイリアム・ジェームズ、いろいろな人がその時代時代に取り組んでいる、実はオーソドックスな科学的問題設定なのです。

團藤　科学としての法学ということも言われるのですが、確かに難しい問題がありますね。

團藤法学の文学的思考

伊東　もうひとつ、先生からバルトのお話を伺って、「おや」と予感を持ったのは、実は奥様のことです。バルトの本も奥様が興味を持たれてまず読まれたのを、先生にもお勧めになったのですよね。奥様ご自身は「自分は法律の専門家ではない」とおっしゃいます。でも実は奥様は、明治以来三代にわたる法学一家のご出身ですよね。ややもすれば先生が、教授時代も最高裁時代も大変ご多忙で、法律関連以外の書物などご覧にならない、あえて申すなら専門の殻の中に閉じこもる……かつてゲバ学生が言った「蛸壺」というやつです……そういう危険があるとき、法学と関係のない文学のお話などをコンスタントに「輸入」して自家中毒を中和してこられたのは、実は「確信犯」だったと伺いました（笑）。

團藤　ええ、そうなんです（笑）。

伊東　結果的にそうした文学的思考などによって、團藤法学が窒息状態にならないよう、一種の知的健康管理をしてこられた経緯を克明に伺って、大変納得がゆきました。例えば先日も、永井荷風の『江戸芸術論』を奥様が面白くて読んでいらっしゃるのに、「それ、何読んでるの」といって先生が持っていっちゃうわけですよね。そうすると、それによって法学の、言ってみれば法律のエスタブリッシュされた思考回路のなかでは絶対に出てこない北斎だとか江戸末期の狂歌であるとか……。

團藤　そうですね。面白そうだから。

伊東　それをまた先生が見事に團藤流でさばいていかれる。これは、刑事裁判で、ありとあらゆる卑近なものが案件としてやってくるとき、硬直した「法理なるもの」を一方的に押し付けるのではなく、柔軟かつ革新的な少数意見を一貫して書き続けられた先生の精神的ご背景に、大変深く関係があるように思いました。七〇年代の最高裁で先生が書かれたリベラルな判決文や少数意見は、関係者に言わせれば判例法的な観点からも画期的で、決定的に重要な意味を持つわけでしょう？　そうした少数意見が、休日にはフランスの批判的知識人ロラン・バルトもお読みになっていた先生の手で書かれていたというのが、同時代的だと思うのです。しかもそれが山田風太郎と結び付けられている。風太郎という人は、終戦直後の日記も出版されていますが、大変辛辣《しんらつ》な人ですよね。「戦中派天才老人」ですが、学徒動員世代ですから先生には教え子の年配に当たられる。そういう世代の民衆的な観点も踏まえられて、ウイークデーに最高裁で、あの「大阪空港」[*28]の審理に当たられた。種明かしを伺うようで、とても面白かったです。いや「團藤法学の陰に夫人あり」というか。

團藤　ええ、それははっきりあります。

伊東　ビックリしましたし、素晴らしいと思いました。

團藤　僕は非常に億劫《おっくう》がりでね、原稿書くのに自分で書くのが面倒だから、家内に口述筆記させてね。いちばん初めに講義案を書いているところから、刑事訴訟法の講義案ですが、僕はベッドで寝たまま、家内を横に腰かけさせて「僕の言うことを口述筆記しろ」と言って。それを傍らで一生懸命に筆記してね。でも、それまで家内は字がわりにうまかったんです。それが、講義案が完成してみたら、それからすっかり下手になってね、乱暴な字になってしまって。それは今でも責任を感じているんです。

伊東　でも奥様は、もともと育ったご家庭に法律センスが満ちておられた。

團藤　ええ、そうなんですよ。

伊東　そういう奥様がバルトに興味を持たれた。そもそもはバルザックへのご関心だったのですよね？　ところがそれが文学法学というジャンルの壁を超えて、先生の法思想全体を変容させてゆく。そして先生の「主体性理論」と一九六〇、七〇年代のフランス・ポスト構造主義とが、ある同時代性を帯びる。その決定的な交差点が「死刑廃止論」なんですね。フランスで、ミッテラン政権下で法務大臣だったバダンテールさん。

團藤　ええ、ロベール・バダンテールさん。

伊東　先生のお友達でもいらっしゃるわけですが、バダンテールさんが尽力されて、一九八一年に死刑が廃止された。それに至る思想的バックボーンの中に、フーコーやドゥルーズ[*29]など「ポストモダン＝近代以後」の二〇世紀哲学が決定的に存在している。一方で事典で調べると、戦時中にファシズムを根拠付けた「新派刑法学」が、戦後は否定されて「團藤重光らの旧派刑法学が復権した」などと書いてあるのですが、これが「新派＝モダン」以後の「ポストモダン」刑法学、まさにそのものだと、よくわかったのです。

團藤　ああ、そのように言われると、とてもよくわかります。

地球規模での同時代思想の最前線

伊東　日本でも八〇年代初頭に「ニューアカデミズム」といってポストモダンが紹介され、私はそれにかぶれました。でもフランスでは五〇〜六〇年代、友人がアルジェリアに徴兵されるとか、知り合いが死刑になるとか、凄まじい事態があって、その最前線で思想が形成されていた。その思潮の中に、私が長年指導してもらっている作曲家・指揮者のピエール・ブーレーズや、先生より二歳年下のロラン・バルトもいた。彼らの思想と先生の法理論とがぴたっと重なることに気がついて、僕自身とても大きい発見でした。僕も親族の戦争体験とか、友人が刑事被告人になるとか、切実な問題と結びついて初めて思想を血肉化して読めるようになった経験があります。ドゥルーズやデリダが本格的にポスト構造主義を展開し始めたのと、團藤先生が主体性理論に基づく死刑廃止論を主張され始めるのとはほぼ同時です。それを再認識して「ああ、なんと俺は考えが浅かったか」と反省しました。

團藤 そんなことありませんよ。

伊東 いえ、でもそこで改めて思ったのですが、法律を専門にしている人が、こういう観点で團藤法学を読んでいるケースはほとんどないでしょう?

團藤 ええ、ぜんぜん。まったく理解されていませんね。

伊東 ですから、地球規模で同時代思想の最前線を切っておられた、ポストモダンの團藤「主体性」理論から、わかりやすくお話を伺えればと思うのですが。

團藤 よくわかりました。では具体的にお話ししましょう。

第3章

決定論をはね返せ

1. 主体性の理論

保安処分か、刑罰か

伊東 團藤法学は、リベラルで人間性の豊かな刑法学として知られています。その中核となるのが「主体性理論」。そのアウトラインを素人の私たちにもわかるよう、簡単にご紹介いただけますでしょうか？

團藤 「主体性」の問題を考える上では、刑法の基本的な考え方を見るとわかりやすいでしょう。刑法には客観主義と主観主義とがあります。

伊東 犯罪行為に対して、その客観的な結果だけを見る考え方と、被疑者の主観を考慮する考え方では、同じ事件の裁判でもずいぶん違いが出てくる、ということですね。

團藤 ええ、ここで客観主義というのは行為に目をつけるほうです。

伊東 そうですね。

團藤 これは、どういうことをしたかという結果ですね、行為があって結果がある。だけど、その犯罪行為を実行した犯人のほう、行為者のほうに目をつけないと、本当は事件の本質はわかりません。それが主体性の議論の発端なんです。

伊東　ある被告人が、客観的な行為としては人の命を奪う結果にいたる行動をとっているとして、現代日本の法律では、それが故意か過失か、あるいは正当防衛のようなものであるかによって、判断はまったく変わってくるわけで、そうした観点に開かれた團藤刑法学は、現在の法廷実務に現実的な基礎を与えているわけですよね。

團藤　刑法学には長年、主観主義と客観主義の対立がありました。明治以後の日本でも、例えば主観主義は牧野英一先生、客観主義は滝川幸辰《ゆきとき》[*30]先生と小野清一郎先生。私が学生の頃はこういう対立構図がありました。ところが牧野先生は主観主義とはいっても、本人の持っている悪性、悪い性質を考えるわけですね。

伊東　生得的に犯罪傾向を持つ人間だという前提に立つわけですね。

團藤　ええ、悪い性質があるから犯罪をやるんだ。だから犯罪を犯すおそれのある悪い性質を持った者に対して、保安処分的に[*31]、社会全体のために隔離しなければいけないという論旨です。だから刑罰と言ったって、本質は保安処分だ。そういう理論ですよね。

伊東　牧野先生が前提とされたドイツ新派刑法学は、治安立法に根拠を与えたようですし、個人より社会全体を優先する「全体主義」に根拠を与えるものとして、後々ナチスドイツなどのさまざまな差別を生み出すもとになりました。

團藤　それに対して小野先生はね、そういう主観的な性格じゃなくて、もっぱら行為に目をつけろという主張です。客観主義にも二つあって、一つはいまの小野先生、もう一つは滝川先生の客観主義です。小野先生と滝川先生とは、表面的には非常に近いんですよ。ところが滝川先生のほうはマルキシズムでしょう。

伊東　そうですね。それで例の有名な京大粛学、大変な弾圧に見舞われて……。

團藤　もともとは本当のマルキシズムじゃないんだけども、まあ、マルキシズムを気取った客観主義ですよね。それで現実の犯罪を判断する上では、個人の内面までは立ち入らずに、行為だけをみるようにしないと、市民の自由が脅かされてしまう。牧野先生の学説は自由を脅かすものだ、ということになった。牧野先生に比べて、小野先生は仏教的なわけね。これまた、深く考えると、うんと難しくなってしまうので、そういう哲学の問題には入りませんけれども。小野先生は結局は牧野先生に対抗する意味で、「性格から犯罪が出てきたというふうに考えることはおかしい」という結論を仏教哲学から導いたんですね。「自分の中に何かの原因があった。そこから出てくる何らかの因果があって犯罪になる。だから犯罪は行為に目をつけるべきだ」。そういう客観主義ですね。

伊東　仏教的な因果律に客観性の根拠を求めたわけですね。

團藤　ええ。だから滝川先生と小野先生とは結論は近いんだけれども、根本はだいぶん違うんですよ。だけどまあ、どっちも客観主義です。僕は小野先生のもいいし、滝川先生もいいと思う。ただ実際には、牧野先生のもなかなか捨てがたいところがあるんです。牧野先生の主観主義は、主観と言っても心理的な主観というより、性格ですよね。持って生まれた悪性。これが危険に生まれついているから保安処分の意味で刑罰を科すべきだという主張。これもある種の変質者などを念頭に置くと、確かに社会的な有効性はあるわけです。

伊東　性犯罪の前科を持つ者の情報に関するミーガン法[*32]がアメリカにはありますね。

團藤　これに対して小野先生は、刑罰は刑罰であって、保安処分的なものじゃないと言われる。保安処分みたいに考えると、市民の自由が奪われますからね。それはやはり客観主義で考えないといけない。ですので、やはり本質的には牧野先生より小野先生のほうがいいと私は思います。

牧野先生の一杯の紅茶

團藤　だけど、牧野先生のお話を聞いていると、なかなか面白いんです。本当に面白い方でね、一度、家内と一緒に茅ヶ崎の牧野先生のお宅へ行ったことがあるんです。そうしたところが結局、法律の話はぜんぜん出ないでね、いつまでも雑談が続いて。その日はドライブして出かけていったのです。昼めし近くなったから、家内は「先にお昼を食べていきましょうか」と言ったんだけど、まあ、ここまで来ればもう先生のお宅に近いから、先にお寄りしようということになって、それで探して行ったわけです。

それで、行ったところが、牧野先生、お話が好きですからね、いつまでも話が尽きなくて、食事のことなんか何もおっしゃらないんですよ。こっちはお腹ぺこぺこになっちゃって。だけど夕方近くになってから「うちでは食事は出さない主義だ」っておっしゃって。もうあれは閉口したね(笑)。でも、本当に面白い方で。牧野先生って面白くて純真だから大好きなんです。そうそう、家内がちょっと足をこう……。

伊東　足を動かされたんですか?

團藤　正座しているでしょう。足がしびれて疲れるから、ちょっと動かすとね、先生は目が悪くて、普段は「何も見えない」とおっしゃるんですが、「まあ、奥さん、そう慌てずに」とおっしゃる(笑)。実は見ておられるんですね。(目を細めて)こーんな目、してね。あのとき牧野先生は九十過ぎだったでしょうかね。

こっちは若かったから、お腹が空いているでしょう。だから家内はあとで、私だったら若い人がみえたら鍋焼き一杯ぐらい取ったりするのに、と言うんですが、あの奥様は「うちでは来客には紅茶一杯しか出しません。決まりですから」っておっしゃってね（笑）、早く解放してくださればいいんだけれども、いつまでも引き留められて……。帰りにどっかでソバか何かを食べました。

伊東　いつごろのお話でしょうか？

團藤　まだ大学にいる時分だったから、四十年近く前だと思います。

伊東　いまこうして「主体性理論」のお話を伺い始めたところで、牧野先生の保安処分のお話から、これは「行為無価値説」[*33]と「結果無価値説」の対立という、刑法ではよく知られた團藤説の根本を伺っていることに気がつきました。感動しています。

團藤　そうなんです。牧野先生のは「主体」と言っても性格で、要するに危険な性格を持っている者は保安処分にしないといけないという主張。これはイタリアのフェリーが言い出して、それからドイツのリスト、あの音楽家のリストの従弟になりますね。

伊東　そうなんですか！　ぜんぜん知りませんでした。

團藤　血縁関係があるんですが、そのリストが同じ主観主義を唱えて、性格が危険だから、その性格を矯正して犯罪性をなくするために刑罰を科するんだと主張した。
伊東　音楽家の世界は先天的な才能を喧伝する嫌いがありますが、それがリストの「新刑法学」と対照されると、「才能」を喧伝することと優生学的な差別とが同根だと、改めて気づかされますね。リストの娘コジマはヴァーグナーの奥さんになり、その子孫は後々、ナチスドイツのお先棒を担がされたりするので、まったく洒落になっていないと思います。
團藤　僕は学生のときには、実は牧野先生の刑法の講義を聞いて、興味を持ったんです。牧野先生というのは講義がうまいんですよ。実に上手でね、初め口を切るとね、最後までほとんど切れ目がないんです。
伊東　と言いますと？
團藤　「なんとかでありますしかしながら」(笑)。「しかしながら」で切るんです。それからまた「なんとかであります、したがって」(笑)。
伊東　あ、話が切れないわけですね。
團藤　接続詞がくっついてくるんですよ。ぜんぜん途切れるところがない。普通なら「であります」で切るでしょう。それが、口調としては「ありますしかしながら」「ありますしたがって」。ですから、最後までずうーっと続いて、切れ目がないんですね。だから講義が全部終わるとね、聴いてるこちらのほうが「ほーっ」と息をつくんですよ。そして「なんて名講義だったんだろう」と思って、もう講義のうまさは、牧野先生は東大法学部では随一でしたね。ところが小野先生はあんまり雄弁じゃないほうでね。

伊東　なるほど、仏教に範を求めた因果論は、むしろ訥弁で語られたというわけですね。

行為の背後にある主体性

團藤　それで「主体性」の問題では、牧野先生は主観主義ですけど、行為者の危険性に着目するわけです。危険性。ところが小野先生は危険性じゃなくて行為の人格性。人格性というのは言い換えれば「主体性」、そっちに重点を置く。主体性を持って何か言えばね、言ったことに責任を持つべきでしょ。

伊東　そうですね。自分自身で意識して、その行為と結果を引き受けるということですね。

團藤　主体性があれば、そこに責任を持たないといけない。自分が主体的にやった行為に責任を持つのは当然ですね。そうすると、行為そのものに目をつけなきゃいけない。そこで我々の刑法理論の立場は、主体性を基本にするのだけれども客観主義になるんです。自分という人間を離れての行為というのはないですからね。何をしたって、ちょっとこう、例えば家内を殴ったとしてもね、殴る背後には人格があるでしょう。そんなことはしませんけれどもね。でも仮に殴ったとすると、私が殴ったのと、伊東君がうちの家内を殴るのとでは違いますよね。痛さは同じだとしても違うでしょう。やはり人間がやった行為というものは、その行為者と離れては理解できない。

犯罪だってそうだと思うんですよ。同じことをやっても形にとらわれちゃいけない。中身でとらえなきゃいかん。中身と言っても、すぐに行為者そのものに入って、行為を抜きにしてすぐに行為者の危険性とか言うのじゃあ、それはやはりいけませんわね。

行為に重点を置きながら、行為の背後にある主体に目を向けなきゃならない。大体そういうふうな趣旨です、僕の理論は。

伊東　伺っていると、要するに牧野先生の主観性の議論というのは性悪説なわけですね。

團藤　そうです。

伊東　内観の問題を性悪説の決定論で見ようということですね。それに対して、行った行為自体を客観的に見ましょうというのが、形は違うにしてもその客観主義の方々。

團藤　その通りです。

伊東　これに対して團藤先生の「主体性」、あるいは主観を考慮した客観主義の議論というのは、むしろ情状を酌量する議論で、故意か過失か、とか、犯意があったかということに対して、「人道的な」判断を下す法理を、日本で初めて確立されたわけですね。「疑わしきは罰せず」という推定無罪の原則を「性善説」に読み替えて「人間の尊厳を重視しつつどのような判決を出していくか」ということですね。今現在も生きて変化しつつある人間の主体性を尊重して、原則「大岡裁き」的な仁政で裁判の審理を導いてゆく。

團藤　そう、その通りです。

伊東　非常に一貫していて、すっきり理解できる気がします。

2. 死刑はあってはならない

死刑廃止は天の意志

伊東　先生の「主体性理論」の必然的な延長に、死刑の問題が出てくるのですよね？

團藤　そうです。死刑廃止論は主体性理論から導かれるものです。

伊東　そこのつながりの部分を伺えますでしょうか。

團藤　死刑廃止は大きな問題ですから、いろんな問題にからんできます。主体性は人間だれもが持っているものでしょ。その生命は、神様が与え給うたものですね。それを人間の恣意によって奪うのは神、天の意志に反するのではないか。神様といったけど、宗教的なものではなく、人智を超えたもの、という意味ですが。人間は各自ひとりひとりが絶対のもので、それを手段として使うことはできない。これはカント以来言われていることです。

伊東　カントは死刑廃止論者ではないですが、カント的なヒューマニズムの観点から、死刑廃止が導かれるということですね。

團藤　そうです。死刑というのは、要するに人間性に反するのですよ。人間が人間を殺すということは人道的にはあり得ない。生命は、要するに天の与えたものでしょう。それを人間が勝手に奪うということは許されない。これは根本的ですね。

伊東　「汝、殺すなかれ」という大原則ですね

團藤　だから死刑はそもそも絶対に許されない。だけど、死刑にあたるような行為をする人がいるわけです。私は殺人罪を決して軽いものだと言っているわけではありません。それは死にも値するかもしれない。国民感情からみても、被害者の立場からも、生かしておくのは正義に反すると思う人が現在はまだ少なくないかもしれない。でも、確かに悪い行為には違いないけれども、そこで殺人犯人を、同じ人間がまた殺しちゃいけない。天罰、

あるいは神様の罰《ばち》でそうなるのは仕方ないけれど、人間はやはり普通の刑罰以外下すことができないだろうというのが結論です。基本は、大体そういうことですね。

極刑を望む世論の背景

伊東　もう少し内容に踏み込んで、具体的に伺いたいと思います。最近の世間の風潮をみていますと、死刑廃止とはむしろ逆向きになっています。残虐な事件が起きると犯人の異常さがやたらと報道され、「極刑を！」という世論が高まる。死刑執行をしない法務大臣が弱腰だと批判され、一年以内に二桁、死刑を執行した法相もいます。この人は来世で浮かばれるんでしょうかね？　でもマスコミが民心を煽るからなのか「こんなヤツを生かしておいていいのか」式の意見、自分たちの安全が脅かされるから、異常な犯罪者はさっさとこの世から抹殺してほしいという、不穏な空気が増加している気がします。

團藤　これはロンブローゾの議論ですね。彼は生物学者で、生まれつきの犯罪人、人類の一亜種として「宿命的な犯罪者」というものがあるという仮説を立てました。受刑者の頭蓋骨を調べ、骨格の研究から犯罪者の特徴を科学的、実証的に示そうとしたのです。トルストイとの間で大変な議論も巻き起こしています。私はイタリアのロンブローゾの研究所を訪ねたことがありますよ。彼が調べた頭蓋骨標本がたくさん展示してあってね、夕方でしたから、薄気味悪かったです。所長さんによれば、犯罪者の頭蓋骨には共通の特徴があるというのですが、いくら頭蓋骨を見せてもらっても私にはよくわかりませんでした。

伊東　ロンブローゾのこうした決定論的犯罪論は、現在ではもちろん否定されていますが、当時としてはダーウィン進化論を根拠におく「実証科学」だとされていたわけでしょう。それが結局、優生学や人種差別にも露骨につながっていくわけですが。

團藤　でも人間は生命と精神を持っていて、機械ではありませんからね。生まれつきすべてが決まってしまっているというような考え方は間違っています。もちろん必然的なものはあります。それは精神医学に現れています。ユングだとか、フロイトだとか。フロイトも、アメリカでは決定論と受けとめられていますが、本当は非決定論ですよ。〔フロイト派のユダヤ系精神分析学者〕ヴィクトール・フランクルはアウシュヴィッツの強制収容所の中で極限状況に置かれた人間が英雄的行動に出るのを見て、決定論はありえないのだ、という信念を持ったと言いますね。

決定論が導く差別と死刑

伊東　最近改めて認識したのですが同時代のマルクスの史的弁証法も、実はダーウィニズムに基礎を置く決定論なんですね。「資本主義の段階があり、それが必然的に進化して社会主義になる、ならねばならない」という決定論です。ロンブローゾも、決して奇怪な骸骨のコレクターではなくて、犯罪者を多数調べ、そこに統計学という新しい学問を導入して「科学的犯罪学」を決定論的につくり上げようとした。メンデルが遺伝法則を統計で立証するのと同じ考え方です。一八世紀、リンネの分類学は博物学で知識を羅列、体系化したのですが、ガウス以後の一九世紀は確率や統計の考え方が入ってくる。メンデルの遺伝法則が敷衍《ふえん》されて社会統計が取られるようになる。こうやって一九世紀後半以後の知性が「科学的」決定論を作ってゆくわけで、優生学も全く同様に成立しています。

二〇世紀最末年になって、こうした決定論はやっと否定されていくのですが、逆に、一九九〇年代から二一世紀初頭にかけ、前にも触れましたように今度は人間の遺伝子、ヒトゲノムがすべて解読されました。今後はこれで癌遺伝子やいろんな病気の致死遺伝子がわかって、病理学などでは人間が生まれつき持っているゲノムをみればすべて将来がわかってしまうという、やはり誤った決定論が、強化して喧伝されつつあります。

こうした決定論でモノを言う方が、強いメッセージになるし、結構乱暴な議論をする学者もいるのですが、とても危険です。「生活習慣病」のように、後天的な運動、食習慣とかでも人の身体も精神もいかようにでも変化します。こういう「エピジェネティクス」[*34]の考え方は、現在はいま一つマイナーに見られていますが、生活習慣病予防などには個人が主体的に運動や摂生をして、自分の意思で自分を変えていくのが決定的なはずです。

團藤　それはまったくそうでしょう。

去勢と死刑にみる生命の不可逆性

伊東　変化しない確かなものをみつけるのが科学であり、それを遵守するのが科学者の良心だという時代があって、牧野先生の決定論もそうした科学の良心に従っていたのでしょう。でも團藤先生はそうした生硬な科学の考えを超えようとされたわけですね。こうした差別と死刑の関係を、とりわけ「去勢」をキーワードにお伺いしたいのですが。

團藤　ああ、去勢ですね。矯正の一環として、一九二〇年代から性犯罪者に対して、一部の国では「去勢」が行われていました。

伊東　その記事を先生の『刑法紀行』（一九六七）で拝見しました。先生は一九六五年にデンマークの矯正研究所を見学されたわけですが、当時は異常犯罪者に去勢を行う「（デンマーク）去勢法」というのが施行されていて、去勢しないと再犯率は五割なのが、去勢すると三〇％に下がるとあります。

團藤　そこの所長さんのステュルップ博士は大変な人格者でね。こういう人が、本人の合意を得てやるのなら、去勢というような非人道的なことも、可能なのではないかと当時は思いました。犯人を本当に丁寧に親切に扱っていて。本人の了解を得た上での去勢手術ですから。でも、この所長さんほどの人格者はざらにない。もちろんこうした人ばかりじゃありませんから、そうした人事の手当ての裏付けもなしに、去勢のような非人道的、反人道的な制度をつくるのは、私は賛成できませんね。

伊東　デンマークは六七年に去勢法を改正し、男性の性犯罪者の去勢は廃止されました。

團藤　おや、詳しいですね。

伊東　少し調べてみました。というのはそこには、死刑と通じる、命に関する不可逆性の問題があると思ったからです。

去勢というのは、神の与えたもうた〈命を生み出す力〉を奪う点で、死刑と通じる側面があると思います。性犯罪者の去勢は当人が認めていれば良いかというと、では殺人犯が自殺したがっていたら、それを幇助《ほうじょ》するのがよいかというのと同じ微妙さがあるでしょう。

まして、デンマークやスウェーデン、いやアメリカや日本も含め、二〇世紀末までハンセン病や、心身の不自由な人に断種や去勢の手術を施すことが、完全に一般化されていたわけです。今はこんな制度は廃止され、国家賠償の裁判が起こされていますが。ここで思ったのは、死刑廃止と、さまざまな障害を持つ人たちが自分の権利、自分の命に関する権利を守る運動とは、根本は同じところからくるのではないかという疑問で……。

團藤 いや、まったくその通りです。人間性が重視されねばならないでしょう。

伊東 EU（欧州連合）が死刑を廃止する大きな根拠の一つはこうではないでしょうか。ナチスドイツの人種差別の原点は、精神病患者や身体障害者への「断種」を法律化したことです。それが性犯罪者や精神病患者や身体障害者への決定論的差別になり、犯罪分子全般を「殺処分」する「民族浄化」の発想へとつながった。このこと自体が根本的に批判されたからです。民族浄化は、単に「ユダヤ人排斥」などの問題ではありません。

團藤 ええ、これは単純な表面的問題ではありません。

伊東 日本でも優生学批判が高まったのは、ようやく一九七〇〜八〇年代以降のことで、それまでは施設で介助者が経血の処理に手間がかかる、などという理由で、障害者女性が子宮全摘手術を強要されたり、男性が睾丸を抜き取られたりしていたわけで……言うだけでお腹が痛くなっちゃいますね。これが本当に是正されてゆくのは、先生の最高裁時代よりもあとになってからです。

團藤　人間の生命は天の与えたもので、性犯罪者の生殖能力も含め、それを人間が勝手に奪っちゃいけない。まあ、それに尽きると言ってもいいと思います。

3. 死刑廃止に立ちはだかる壁

法廷で「人殺し」と呼ばれて

伊東　『死刑廃止論』にも書かれていますが、先生が声大きく「死刑廃止」を主張されるようになったきっかけはある殺人事件の最高裁判決に際して、傍聴席から「人殺し」と言われたという……。

團藤　ええ、判決のときに「人殺しーっ」という声が聞こえました。私は第一小法廷にいたんですが、あの事件は私、裁判長じゃなかったんです。最高裁では事件ごとに裁判長を決めるんで、上席が必ずしも裁判長じゃなくて、私は陪席にいたんですが、ちょうどその事件が出てきた。

書類を読む限り、犯人はひどいことをやっている。やっていることはまず間違いなさそうに思うんですけれどもね、でも書類を読み直すうちに、どこかに「一抹の不安」が残った。というのも、毒物を使用した事件、毒殺事件なのですが、そこで容疑者が捕まえられて、すぐに起訴されちゃったわけです。でも、他にも、もしそのつもりで警察で調べていたらね、同じ条件の被疑者があり得なかったわけじゃない。いやあり得たろう。そういう状況だった。立証も反証もできないのだけれど、ほかの可能性があることは書類だけからもわかる。ただ、私自身が起案した刑事訴訟法によって、上告審では事実認定に関して、判決に影響を及ぼす重大な事実誤認がなければ原判決を破棄できないと定められています。「一抹の不安」だけでは足りないのです。実際そこに出ていた被告人はかなり疑わしい。これは間違いないんです。でも本人は「絶対に自分じゃない」って言い張っている。

こういう経緯を経て、最後に判決の言い渡しをして、法廷から出るときに、傍聴席からね、「人殺しーっ!」って声が上がったんですよ。傍聴席からヤジが飛ぶのはあり得ることですけどね、そのときはちょうどこっちが「一抹の不安」を持っていたから。そこへ持ってきて「人殺し」って言われた、これはやはりこたえましたね。

伊東　裁判官の立場で、疑いを持ちながらも「死刑宣告」をした瞬間に、「人殺し」と言われたわけですね。あとで「裁判員制度」のお話を伺いたいのですが、この制度が始まると、私たち自身が裁き手の立場で、法廷で「人殺し」と非難される可能性が出てきます。

あなたは死刑宣告できますか？

團藤　最高裁判事といっても、人間は人間です。それが「あなたに死刑を宣告します」と言えるかというと、これは絶対に言えない。人間は人間に「死になさい」とは言えない。その単純な事実に、自分が死刑宣告する立場に立って、初めてはっきり気がついたのです。

伊東　「あなた、死刑宣告できますか？」とたずねられたら、当然ながら僕はそんなことできません。世論で死刑に賛成する人は、自分自身が裁判員として特定の人物を死刑台に送り込むという主体性の認識を持って言っているわけではない。このあたりに本質的な問題があると思います。

團藤　で、それ以来、やはり国が制度として死刑というものは置いちゃいけないんだと思うようになりました。どんな間違いがないとは限らない。そのときの裁判長がよく調べて、我々も記録は見て、「まあ、間違いないに違いない」と思うけれども、そこで「人殺しーっ」ていう声があんまり鋭く響いてね。もうそれから、死刑というものがそもそも、いけないんだと確信を持つようになりました。それまでは、明確な死刑廃止論まで行っていなかったのですが、ここではっきりと廃止論になったですね。
誤判の可能性が誰にも否定できないというのが、死刑廃止論の根拠として一番誰にでもわかりやすいものですね。人間はどんな天才であっても過ちを犯しうる。世界的に有名な哲学者のカール・ポパー博士も、私にくださった長文の手紙の中で、「人間の可謬《かびゅう》性が死刑廃止論の決定的な理由だ」と述べています。犯罪捜査や事実認定などの過程で判断を誤る危険性はいくらでもあります。それを前提に処刑してしまったら取り返しがつかない。
伊東 先生がご在任中に最高裁で死刑宣告がなされた事件、名張毒ぶどう酒事件は、実は二〇〇七年現在も続いています。
團藤 ええ、ええ。
伊東 ご存じとは思いますが、二〇〇六年の九月に毒の鑑定で新証拠が提出されて高裁のほうで「再審開始決定」ということにして、死刑執行を一回取り消しているんですが、今年になってから最高裁に特別抗告をしているというのがあって……。
團藤 うん、ありましたね。
伊東 いま現在も係争中です。先生が最高裁判事として「人殺し」と言われたのは三十何年前ですよね。

團藤　ええ、そうです。

伊東　ですからその犯人も三十五歳ぐらいで捕まって、いま八十過ぎで、その間ずうっと中にいるという。

團藤　そうなんですよね。

伊東　この事件そのものが決して終わったこと、過去のものではありません。現在も確定死刑囚の拘禁状態が続いている。そのこと自体が非常に問題だと思います。團藤死刑廃止論はすでに三十年以上の歴史を持つわけですが、そのころ死刑宣告された人物が、同じだけの時間、ずっと囚われの身であり続けている。

團藤　ええ、そうなんです、そうなんですよ。アメリカで死刑廃止論の講演をしたときもね、その話をしました。

伊東　去年の十二月に異議申し立てを認めたのですが、再審開始が取り消しになりました。いままた最高裁に上げているようですが。先生がご在職中に、所属されていた最高裁第一小法廷が一九七五年に「白鳥決定」[*35]をお出しになって……。

團藤　ええ、そう、そう。

伊東　「白鳥決定」以降、「免田事件」[*36]「財田川事件」[*37]、一連の冤罪《えんざい》事件解決の流れがあった。それが、一九九三年宮沢内閣の後藤田法相から、歴史の流れに逆行するようになってしまった。二〇〇七年、フランスで死刑を憲法レベルで廃止した年に、こういう決定が出されるということ自体、日本の司法の動脈硬化を感じます。

被害者感情と世論

伊東　ここで、マスコミがよく取り上げる「被害者感情」についてもお伺いします。残虐な事件が起きると、被害者遺族などが「極刑を望みます」と言う。自然な気持ちでしょう。ところが、そういう言葉を好んでマスメディアが増幅して報道します。すると、こうした被害者感情に共感して「死刑存置もやむなし」という人が多くなります。ただ「やむなし」と言っている人は、まさか自分が死刑宣告をするとか、刑の執行官になるとは、夢にも思っていません。誰かがやってくれる、という思考停止ですね。そういう人たちに、これは自分の問題にもなりうるのだ、と理解してもらうのが、なかなか難しいのです。先生なら、そうした人たちをどう説得されますか。

團藤　それは難しいですね。一九八八年のアメリカ大統領選で、死刑廃止論者として知られていた民主党のデュカキス候補が演説会で名演説をして、聴衆はみんな感心して聴いていました。それが最後に質問を受けることになって、「あなたは死刑廃止論者で、人間の生命を大事にしますって言われたけど、ご自分のお子さんが殺されたらどうしますか」と訪ねられたのです。これに対してデュカキスは、ただちに「もちろん死刑には反対です」と答えたものだから、がらりと聴衆の態度が変わってしまってね。「そんな人情をわきまえない、心の冷たい人は大統領にできない」って、結局大統領選に通らなかったですね。では、彼はどう答えるべきだったのか。犯人を絞め殺してやりたい、ひきさいてもおさまらない、と言った上で、しかし自分としては抽象論としても、そういう人でさえも、神様の与えたもうた命だから奪ってはいけない、と諄々《じゅんじゅん》と説くしかなかったでしょうねえ。

伊東　ある人に、いま團藤先生と死刑廃止の対談をさせていただいていると言ったら「それは世の中の子供を持つお母さんたちには不評でしょう」と言われたんです。そんな反応は考えたこともなかったので「どうして?」と尋ねたら、あらゆるお母さんは自分の子供を殺されたら、絶対に犯人を殺してもらいたい、そういう動物的な本能を持っていると言うんですね。仮にそうだとしたら、それこそ主体性理論で逆に問い直すのが重要と思いました。

團藤　というのは？

伊東　テレビのワイドショーなんかで「こんな極悪犯人がいて子供を殺した」と報道されて「犯人を死刑にして」と言うお母さんがいたとします。でも、その報道、本当なんでしょうか？　真偽など、テレビでわかるわけないですよね、ワイドショーはニュース報道ではなく、視聴率が取れるように脚色されているのですから。だから、そういう人には「わかりました。では死刑だとして、誰が刑を実行するんですか？」と尋ねてみるのが良いと思うんです。「例えば、あなたが自分自身で死刑執行人になりますか？」と尋ねれば、みんなきょとんとした顔をするでしょう。これはあまり強調されていない事実ですが、確定死刑囚と何年も生活を共にした刑務官が公務員の業務として死刑を執行させられるのです。だから元刑務官には強烈な死刑廃止論者が多いわけです。長年ともに暮らした馴染みの人間の殺害に手を染めさせられるわけですから、二度とやりたくない、多くの人がそう言います。

「被害者感情」というわけですから、被害者の家族が復讐して手を下すという方法も検討できるはずです。これは江戸時代までの「仇討ち」の発想ですね。現行法ではあだ討ちは完全に否定されている。かたき討ちと称して故意に人を殺せば、新たな殺人犯です。

確かに、子供を殺害されたお母さんは、犯人を自分の手で八つ裂きにしてやりたいと思うに違いありません。そういう気持ちは僕だって痛いほどわかります。でも、江戸時代までは、親を殺された子が敵討ちをして、その子がまた返しの敵討ちをしてといった連鎖があったわけでしょう、「曽我物語」[*38]みたいな。こうした感情は誰もが持つもので、それがドミノ倒しのように連鎖したら、国が成立しなくなりかねない。そこに、共同体が法を立てることの意味があると思うのです。原爆被害者や遺族は「目には目を」とトルーマンの遺族に核兵器を向けたりはしない。絶対に核兵器は廃絶しなければならない、という議論になる。死刑を含め、人の命を奪う問題については、そういうレベルで人倫というものを考えるべきだと思います、主体性をもって。

團藤　なかなか奥の深い問題だと思います。

伊東　復讐権は、ハンムラビ法典の昔から、人がもともと持っている自然権の一種だといわれるわけですが、その権利をいったん国に預けることで法治国家が成立する。ホッブズ以来の大原則です。その国家が個人の命を奪うのが「死刑」にほかならないのですよね？

ここで、その「復讐」のために、人が人の命を奪っちゃいけない。たとえ愛娘を殺されても、憎くても、殺せば復讐の連鎖になってしまいますし、死刑が執行されるまでは憎しみが続くけれど、執行されたあと、遺族はほぼ全員「執行されても家族は戻ってこない、なんとも虚しい」と述懐するわけでしょう。こんな連鎖はどこかでしっかり断ち切らないといけない。

キリスト教には赦《ゆる》すということがあります。「汝、殺すなかれ」というのは絶対的な命題で、大本のところで、そういう議論をしなければいけないでしょう。

團藤　さっきのデュカキスは結局、民衆の心をつかんでいなかったんですね。もしつかんでいて、今のように筋道たてて言えば、多くの聴衆の理解が得られたと思いますよ。彼が大統領になっていたら、アメリカはとっくに死刑廃止になっていたかもしれません。

4. 日本人にとっての罪と罰

生きて償うより、死んでお詫びする

伊東　いまの日本人の多くは、先生のおっしゃるように「生命は天の与えたもうたもの」と言われても、あまりありがたがりません。むしろ「忠臣蔵」の四十七士に同情する

ような「仇討ち」とか、「生きて償う」ではなく「死んでお詫びする」という文化があります。先日も、さまざまな疑惑が指摘されていた閣僚が、お詫びするという遺書を残して自殺しました。彼には、生きて、もっと真実を語ってほしかったという人も多いわけです。何も言わずに死んでしまうと、あとに禍根を残します。そもそも日本人に、本当に「贖罪《しょくざい》」という感覚があるのかどうか……。

團藤　そうですね、わかりませんね。

伊東　贖罪というのは、本質的には、罪を償ったあとは罪が消えて、浄化されるわけです。でも日本では、罪を経験した人は、仮に刑期を終えても「前科者」として職業その他の差別を受ける傾向がありますね。

團藤　西欧で成立した法学の土壌となっているキリスト教では、すべて人間が生まれた時点から罪人であるというところから出発していますから、罪人が許される手続きというものが、精神の根っこに深く入り込んでいるわけですよ。

伊東　これは私自身、一クリスチャンとしてよく理解できるところです。教会法とローマ法とが中世以来ずっと二つながら並んでいて、近代法学以前から、西欧社会では贖罪の感覚が意識の根に入っている。翻って日本人はどうかというと、そんなものはぜんぜんなくて、清き明け き心で出発しています。今日の日本の普通の感覚で、赤ちゃんは罪なきものの代名詞でしょう。生まれつきの原罪なんて言っても日本人にはピンとこない。それが、いったん罪で汚れてしまうと、市民から「罪人」というレベルに落っこちてしまう。江戸時代は実際に身分を落とされたりしましたし。今の日本もそれを意識のどこかに引きずっていて、刑事被告人も主権者国民だ、なんて意識は日本にはないでしょう。

團藤　まず第一にするべきことは、西欧の源流に遡ることでしょうね。アリストテレスは「配分的正義」ということを言いました。正義をちゃんと行き渡るように区分けして配る。罪人といえども市民であると、正義を区分けして与える。

伊東　『法学の基礎』でそれを拝読しました。「罪人も同じ主権者たる国民に他ならない」そういうところから市民意識を変えていかないと、もとは西欧からの輸入品である日本の法典はうまく機能しないでしょう。アメリカでは収監中の受刑者に、妻と子供を作る権利が認められていたりする。それを普通の日本人はなかなか理解できないと思うんです。一度「罪人」の烙印を押されてしまうと、いや、罪人以前に「被疑者」と言われるだけで「こいつは悪者に違いない」という心証を持ちやすい。いま裁判員制度の導入が準備されていますが、法律のトレーニングを受けない一般市民が裁判官席側にたってしまったら、文字通りの民衆裁判で、取り返しのつかない事態が、起きはしないでしょうか。法の支配とは何か、国民が主権者であるとはどういうことか。人が人を裁くとは何なのか？　あるいは赦すって一体どういうことか？　もし私が裁判員として死刑判決を支持し、それが冤罪であった、なんて後でわかったとき、どういう問題がおきるのか。これこそさっきのあだ討ちそのものです。冤罪犠牲者の家族に逆恨みされて裁判員が危害を加えられたら国家は賠償してくれるのか。その責任は、道義的責任も含め、どう問われ得るのでしょうか。

團藤　それは大変な問題です。きちんと論じなければなりません。

伊東　後ほど改めてお伺いできればと思います。

死刑廃止が実現していた平安時代

團藤　例えば日本には昔、三百年間、死刑を行わなかった時代があるのを、多くの国民は知っているでしょうか。昔の記録に残っています。平安時代の嵯峨天皇の時代の八一〇年に藤原仲成が誅《ちゅう》されてから保元の乱で一一五六年に再開されるまで、三百年以上にわたって死刑は事実上停止されていました。そもそも唐の律令を手本に大宝・養老律令を制定したとき、法定刑を一、二等軽くしたものが多くて、八一八年には盗犯については死刑を事実上廃止しているわけです。

伊東　そういう経緯、私も含め今の普通の日本人はぜんぜん知らないし、知ってても実感が湧かないですね。

團藤　これをトマス・モアの時代の一五、六世紀のイギリスと比べると、あちらでは無数の窃盗犯が片端から死刑になっていたわけですから、大変な違いです。『保元物語』に「国に死罪を行えば、海内に謀反の者絶ず」とあるように、こうした死刑の長期停止には、殺生を戒め慈悲を本旨とする仏教の影響があるのでしょう。ローマの帝政時代以前のヨーロッパにも死刑のない時代があります。古代民主政ローマでは死刑は廃止されていたんです。そういう、死刑なしでもやっていた時代が、日本にも世界にもあるという事実を、みんなにきちんと認識してもらいたい。ところが今の日本では、これはたいていの刑法学者たちを筆頭に、死刑がとんでもないものだなんて頭が全然ないのですよ。もう、それはダメですね。理屈じゃなくて、はじめから死刑廃止なんていうのが頭に全然ない。僕が死刑廃止、死刑廃止って強調しても、せいぜいが「変なことを言うもんだ」って考える程度でしょう。

本質的な議論を

伊東　「科学としての法学」という言葉がありますが、法学自体は解釈学が主流で、なかなか科学になりにくく、むしろ神学に近いと思います。医学、法学、神学は西欧において根が一つですから、僕はこの三者を対照しながら考えるようにしています。

團藤　なるほど、それは有効かもしれません。

伊東　そうやって学術の起源から考えると、話が戻りますけれど、とくに死刑に関しては「押しつけられた憲法」という表現は注意して聞かねばならないと思います。

裁判官や弁護士といった実務家は、いまの法律や膨大な判例を所与のものとしていて、その成立した歴史的文脈や日付、事件の個別性などは一切捨象して解釈や適用を考えています。そして法を変えるということはなかなか言わない。むしろ「立法論を言うのはたやすい」と軽蔑され、いまある法のテクストからいかに現実的かつエレガントな法解釈を引き出すか、ということばかり考えているようにみえます。

團藤　解釈学はもちろん大事ですが、それだけではいけません。

伊東　問題解決型の知性、といえば聞こえはいいけど、要するにあらかじめ正解が決まっている試験問題を解くような感覚で、だから東大法学部が入試の頂点なのかもしれません。逆に言うと、まさに近代日本は官僚、法曹としてそういう人材を育成しようとしてきたともいえるけれど、多くの法学アタマはちっともクリエィティブではない。大学での刑法の講義でも、死刑なら死刑はすでにありき、で「なぜ国が死刑という刑罰でもって人の命を奪えるのか」という本質的な議論はほとんどなされないわけでしょう?

團藤 そうですね。ほとんど、というか、全く考えていない人が多い。

伊東 法曹を志望する若い人たちは、試験に関係ない哲学的な議論なんかは不要だ、最短コースで資格が取れる内容だけに絞ってくれ、というのがホンネだと、あるロースクール教官が嘆いていました。それでいったん法曹になってしまえば、今度は大半の人間が、現実的な実務と解釈に終始せざるをえない。大変忙しいわけだから、と、こんな具合で、刑法なら刑法という枠組みの中での建設的、批判的な議論ができるのか、疑問に思いました。

團藤 僕も教授在任中には、まだ廃止論になっていなかったんです。大学を辞めてから廃止論になったので。退官後の講演ではほうぼうで廃止論を話しましたけれどもね、大学の講義ではそこまで行っていないのです。今だったら、もう、みんなに納得してもらえるまで、ずいぶんきちんとした講義ができるのですが。

伊東　私自身、死刑に関しては、オウム裁判で友人の豊田亨君の法廷に上申書を提出するなど、現行法の枠組みでいくつか実際に行動するまで、法律レベルでの廃止には目が向きませんでした。だって、すでに起訴されているのですから、いまの法の枠組みで考えなければ法廷では勝てないわけですし。そこで、島津製作所の技術協力を得て脳血流の可視化データを取ったりして、マインドコントロールの科学的後付けを試みたりしました。残虐な映像を見せられて動揺すると、脳の血流は劇的に減少して、いわば脳みそが「窒息」してしまいます。考えることができない。そのときには主体性をもって行動などできないことを、再現可能な生理的実験で明確に示せます。長い時間をかけ、そういう科学的な新証拠たりうるものも提出して、地道な取り組みを続けてみました。でも結局は音なしの構えです。法曹自身が完全に堂々巡りの議論に慣れきってしまっている気がします。

團藤　そうですね。でもね、多くの人を納得させるのはなかなか難しいですが、私は本能的に人を殺してはいけないというのが絶対だと思うんです。人間が人間を殺すことは許されない。これはもう絶対的に、そういうものだと言うしかないですね。

「自然な感情」の罠

伊東　ある評論家が、判決で先生が「人殺し」と呼ばれて廃止論に到達した、という経緯を批判しているのを読みました。何十年も、東大教授として刑法学の指導的立場にあった人物が、最高裁判事になって死刑判決を下した。それが傍聴席からの「人殺し」とたった一こと言われたのがこたえて、それで変節するとは一体なんなのか、どういう腰抜けか、といった体裁のものだったのですが、いやはや、物事を掘り下げて理解することがないと、全く表面的な批判しかできないものだと思いました。この評論家は「殺されたら殺してやりたい」というのが「人の自然な感情」だと主張しているらしく、家族を殺されたら犯人を死刑にしてほしいと思うのは自然な感情だというわけです。それを行え、と。でも、それを言い出すと、例えば町で魅惑的な女性を見て、レイプしたいと思った、それは人間としての「自然な感情」だから許されると言うのでしょうか。「自然な感情」なる、定義のあいまいな言葉を自分自身が信じ込んで、法治国家の本質への無理解を自覚していない。「自然な感情」にまかせて電車の中で他人のお尻を触れば「痴漢」だし、婦女暴行に走るなら、それはただの性犯罪者、風紀紊乱《ぶんらん》者でしょ。まあ一緒にしてはいけないかもしれませんが。

團藤　殺してほしい、と思うのが仮に自然な感情だとしても、それを実行に移すかどうかは全く別の問題です。それを個人としてやってはいけない。

死刑存置国は「弱い国」

伊東　そうした「自然権」的なものを、いったん国という権力に委譲することで、万人の万人に対する戦いの状態から、平和で持続的な市民社会を作ってゆこう、というのが、ホッブズ、ロック以来の社会契約論の本質です。コミュニティーに暴力の独占を認めて、国家という「怪物」、リヴァイアサン[*39]ですね、これをつくったら、こんどは「国民を殺す権利」を国にどこまで仮託するのかが問題になる。この国家という怪獣をどう縛るかを決めるルールが憲法です。そういう順番を経た上で、日本国憲法を前提とする現行法の実質的な議論が、初めて可能になるわけです。

團藤　国家も人の作ったものです。それが人を殺す制度は、本来あってはなりません。

伊東　これは外交官（休職中）の佐藤優《まさる》さんに聞いてなるほどと思ったのですが、国連に新たな国を加盟させるときに、死刑を存置する国は、死刑で国民を脅さないと治められない弱い指導集団であると見られてしまうそうです。極論すれば、死刑を存置していると「国」と認めてもらえない。「地方を征圧している軍事勢力」などと呼ばれるだけで、国連に加盟させない。タリバーンとかヒズボラとか、毎日ニュースに出てきます。そういう「勢力」と見られる。人の命を奪うことなしに、地域をきちんと統治する力がないのであれば、それは国家の名に値しないわけです。逆にきちんとした治世が行き届いた国、強い国家であれば、死刑などは必要ないんですね。佐藤優さんは国権論の立場から「日本が国連加盟も許されない弱い勢力と同列になってはいけない」と死刑廃止の議論を立てていて、とても感心しました。

團藤　たいへん面白い議論ですね。

伊東　先生の尊敬される陽明学者、熊沢蕃山も「君子の治世は殺を用いず」と言っています。犯人を殺すことは、いかなる意味でも問題を解決しません。

5. 死刑は取り返しがつかない

地下鉄サリン実行犯の死刑確定

伊東　もう一つ死刑でお伺いしなくてはならないのは、やはり私が最初に先生をお訪ねするきっかけになったオウム真理教事件です。麻原彰晃こと松本智津夫の死刑が、非常に不可解な「遵法的」経過をたどって確定しました。これは弁護団にも責任あり、と指摘されています。さらに地下鉄サリン事件の実行犯として、横山真人被告の死刑も二〇〇七年七月に最高裁第二小法廷で確定しています。私の同級生の豊田亨君も一審、二審で死刑を宣告されて、そのために私自身も主体性をもって死刑問題を考えるようになりました。オウム事件での実行犯の死刑については、マインドコントロール問題が出てきます。これはまさに主体性理論と非常に深い関係がありますね。

團藤　ええ。とても大切な問題です。

伊東　オペラント・コンディショニング[*40]という、心理学的に条件づけ、つまりコントロールされてしまった人の犯罪をどう考えるか、と先生の『死刑廃止論』にありました。

團藤　そうです。さっきからお話に出ている「主体性理論」は、人間の可能性をあらかじめ決定づけてしまうんじゃなくてね、常に自分が主体的に何事かをすることができる可能性を、人間である以上は、いつでも誰でも持っているんじゃないかということですね。人間にはそういう、いわば生まれながらの判断能力がある。ところがそれを、なんらかの理由で忘れてしまった状態、コントロールされた状態で人を殺しちゃうとすると、これは難しい問題になります。

伊東　豊田君は、オウムにマインドコントロールされる前は、非常に優秀な学生でした。物理の中でも特に秀才の集まる素粒子論専攻の大学院に合格しています。彼がとったノートは実にきれいで、そのまま教科書にしてもいいくらい整理されています。大変失礼ですが、先日見せていただいた先生が学生時代に取られた「牧野教授　昭和七年」などの講義ノートよりも、僕には読みやすいです。ノートを見るだけで彼の明晰《めいせき》さがわかります。

團藤　私らの頃のノートは講義の速記録ですから、見やすいものではありませんよ（笑）。

伊東　でも、この豊田君は真面目一方の融通が利かない男かというとそんなこともなく、関西弁でよく冗談を言って人を笑わせる、だれからも好かれるいいヤツでした。その彼が突然姿を消し、オウムに絡め取られてしまったのです。

團藤　秀才といっても創作力の強い人と、受け身で感受性の強い人とでは全然違います。豊田という被告はナイーブな秀才でしょう。そういう人は直観力が強いですから、麻原のような人間の影響を受けやすかったのかもしれませんね。

マインドコントロールは解けても

伊東 私は彼のことを『絶対情報学』（講談社）『さよなら、サイレント・ネイビー』（集英社）という二冊の本にくわしく書きました。そこで言いたかったことは、彼がしたことは紛れもない殺人であり、許されないことであって、罪は償われなければならない。でも、マインドコントロールの解けた今の彼を死刑にしても、問題の解決にならない以上に、真相究明を妨げ、事件の再発防止のための貴重な教訓を得る機会を永久に失うことになる。これでは社会にとってただマイナスなだけで、まったく罪が償われたことにはならない。

團藤 そのとおりですね。犯人が仮に本当に人を殺したものであるとしてもね、そういう人間を、同じ人間の力で殺すということは、これはやはり許されない。どんな犯罪人でも、更生して聖人になるかもしれない。人間にはそういうことは判断できないと思います。

伊東 彼が特別優秀で、生かしておけば有用だから、とかいうことではありません。本当の意味で罪を償わせなければならない。処刑して一瞬だけ被害者関係者だけが溜飲を下げるとか、そんなことでは、こんな犯罪の再発は防げないのです。実際、さきほどの二冊のうち、一冊は教科書で一冊は小説仕立てのノンフィクション、どちらも社会の多くの人に読んでもらって、再発防止に役立てるために、科学的な検証を踏まえて書いたものです。

麻原の死刑確定ですら、地下鉄サリンの被害者家族が「死刑は当然だと思うけれど、亡くなった人が帰ってくるわけではないし、ともかく虚しい」といったコメントをしています。いま麻原を処罰したとしても、社会のプラスになることは何もない。「みせしめ」にすらならない。私は親友が死刑宣告をされるという現実に直面して、自分の主体性において、一個の人間として、そのことをはっきり自覚するようになりました。逆に、そういう問いを突きつけられるまでは、自分も「死刑制度やむなし」と思っていたし「死刑廃止論」は一部の平和主義者の専売特許という意識にとどまっていました。正直に申しますが、中学以来の同級生の岩井信弁護士が、アムネスティの中心人物として長年死刑廃止に奔走していたわけですが、それは「彼にとって大事なんだろう」程度にしか理解していませんでした。その岩井君がアムネスティで先生に講演を依頼したのがきっかけになって、ご著書『死刑廃止論』が生まれ、その後の彼の貢献が力になって、改訂版が続々と出された経緯を先生から伺って、僕自身これは単に不勉強なだけだったのだと、大いに恥じたわけです。

いまはっきり言えることは、死刑存置の大半の議論は、かつての私がそうであったように、社会や法律に関する正確な議論を知らない、無知に起因するもの、あるいは先ほどの「自然な感情」に押し流される体のものかだということです。「自然な感情」も本質的には無知によるものです。公教育によってこれを克服しなければ、せっかく現代日本が手にしている自由と民主主義社会が大きく損なわれてしまいます。

團藤　だから、これはもう直感的に、死刑というものが許されないというべきなんです。これは最後は論理じゃないですね。「死刑廃止」「汝、殺すなかれ」はもう絶対的な命題で、人間的なセンスとして、完全に許されないものだということを、全国民、全人類が肝に銘じる必要がある。戦争がいけないのと同じように、およそ死刑は許されない。これはもう否定しがたいことです。

生命だけは取り返しがつかない

伊東　ここで、死刑以外の刑罰についても、先生のご意見をお伺いしたいと思います。人の命は天が与えたもので、それを人間が奪ってはならない、と伺ったわけですが、死刑以外の刑罰には、例えば自由を奪うものや、財産を奪うものがありますね。

團藤　でもそういうのは取り返しがつくでしょう、本人が生きていれば……。

伊東　そこなんですが、例えば冤罪の場合「二十年間の時間だって取り返しがつかない」という見方もありえるわけで……。

團藤　冤罪の場合は刑事補償もありますし……。まあ、それだけで本当の償いにはなりませんし、後で刑事補償してもらっても遅いといわれるかもしれないけれど、でも死刑はもう、これは本当に取り返しがつかない。他のものだったらまだ対処のしようがあるわけですが。

伊東　いや、僕自身そう思いますよ。冤罪で生涯を棒に振る人もいるわけですよね。ただ、懲役刑も死刑も身体の自由を奪うもので、どちらも誤判の場合は取り返しがつかず、同じだという意見があります。だから死刑だけ特別視して廃止を叫ぶ必要はない、死刑は存置すべきだ、という論者の意見ですが。

團藤　もちろん一度失われたものはそのままの形で回復はできません。けれど、とにかく代わりがあり得る。何らかの意味での代わりが。でも生命に代わりはないわけですから。別の命をもらうわけにいかないんだから。だからそこはもう絶対に違う。ごく常識的な意味ですよ、常識的な意味でね、普通の刑罰と死刑とは全く違う。

伊東　一度過ぎた青春の時間だって取り返しがつかない、という議論もありました。

團藤　一度殺しちゃったら、たとえ後で仮に誤判だってわかっても、取り返しがつかないでしょう。誤判でないとしても、そういう意味で神から与えられたものを人間が奪うこと自身、筋が違うんじゃないかと思います。人間が人間に生命を与えるったって、それは男性と女性で子供はつくれるけれども、本当にその男性、女性で子供をつくったのかというと、実は人間が自分で考えてつくったんじゃなく、もっと超越的な自然的なものが……。

伊東　そうですね。遺伝子操作程度のことはできても、人類はいまだ生命をつくることはできませんし、現在の科学技術の水準を見ると、ここ当分は無理でしょう。

團藤　そういう事実が根本にありますよね。そこで生命が出てくるわけです。そういうのとね、普通の財産なんかに対する損害と、全然違う。例えば家族や大事な人を殺されたら、取り返しはつきません。生命というものと、モノとは性質が全然違う。

伊東　生命科学の観点からも、まったくその通りだと思います。

團藤　それがもう、いちばん根本だと思いますね。

伊東　ところがそういう認識がない人が意外なところに結構おられますね。法律関係者と話していると、特にそれを感じることがあります。生命でも何でもすべての価値を機械的に金銭に換算する習性が染みついている人がいます。そこで先生、仮に死刑廃止が日本でも成立したとします。死刑の代わりとして、どのような刑罰が望ましいのでしょうか。

團藤　今の法規でいえば無期懲役しかないでしょうね。でもこれは恩赦もあるし、時間がたったら出てくることになる。それでは困るので、いわゆる終身刑、特別無期懲役をつくったらという議論もあります。でもこれも解決にはならない。一生出られない刑というのは、死刑よりも過酷です。

死刑より重い無期

伊東　その関連で、一つ、興味深い例を見つけてきました。フランスが死刑を廃止しましたよね。そしたらいま、十人のフランスの無期懲役囚が「火にじわじわと焼かれるより、直ちに殺されたほうがましだ」って、公開質問状で出しているというのです。

そうすると、死刑存置派の人は「そら、見たことか」と言うかもしれませんが、私は逆だと思います。死刑のほうが瞬時で終わってしまって簡単なんでしょう。地下鉄サリン事件の実行犯、横山被告の死刑が確定したときも、被害者家族の代表的存在である高橋シズヱさんが司法記者クラブで会見されて「死刑があまりにも簡単な気がする」「麻原のときのような怒りが湧いてこない」「ただたんにコントロールされただけの横山被告はむしろ気の毒」「結局沈黙を通したが、親御さんのためにも真実を語ってほしかった」と述べておられました。

こういうケースでは、むしろ刑罰としては、無期のほうがある意味、重いといえると思うのです。生きて、生き長らえて、かつて自分がなしたことについて詳細な記録を残し続ける、具体的に社会に役立つ贖罪を続ける。そういう義務を負うことが、本当の意味で罪滅ぼしになるし、なにより再発防止という意味で未来に貢献できるわけですよね。

團藤　まったくです。犯人を殺すことは、なんの解決にもなりません。それに、生き長らえる方が辛い選択だともいえるのです。あの東条英機も、ピストル自殺未遂をしたとき、卑怯だと非難されましたね。近衛文麿は先に服毒自殺した。東条はこめかみを撃ったが、死ねなかった。銃口を口の中に入れれば確実に死ねたのに、こめかみを撃つと弾が頭蓋骨の後ろの方に回ってしまって助かることがある。軍人がそれを知らないわけがない、というのです。でも、生き延びて公判廷に引きだされた東条の方が、結果的に絞首刑になりましたけれど、早々に死んでしまった近衛さんより辛い道を選んだともいえるかもしれません。戦犯ですらそうです。まして一般の犯罪者では、刑罰に教育的な配慮は必須です。

伊東　教育刑という観点は、役所も口では言っていますし、だから矯正と言っているわけですが、実際はどんなものか……。一度、前科がついてしまうと、就職が難しくて、生活に困って、また累犯してしまう社会構造が日本にはあるわけです。いまのフランスの終身刑囚が刑に耐えられない、という話では、クロード・ルーカスという強盗の前科のある人が「死刑は民主主義の恥だ」と新聞紙上で言っています。その上で「ただ、それを終身刑に置き換えるだけというのもぜんぜん良くない。終身刑は拷問である。刑期は二十年以下とすべきである。それを超えてしまうと誰も新たな人生を再開できないと語っている」なんて、元犯罪者が堂々と発言して、それをメディアが報道する。これがフランスという国、日本なら考えにくいことです。ところがこれを「国情が違うから日本にはそぐわない」と誤解すると大きな間違いを犯してしまう。私たちの憲法が立脚している三権分立とか国民主権とか、みんなフランス－アメリカ製の社会契約論です。現行法の体制下で一番必要なのは、長期的な教育配慮だと思います。国民一般はもとより、罪を犯した人も所定の刑期を勤め上げて、その間本当に教育して、きれいな身体にして、本来の主権者国民の一人として再び市民生活に復帰させる。それが「自由・平等・博愛」を基本にするフランス革命以来の主権在民の本質的な意味であるはずですから。

團藤　本当です。いずれにしても、神の与えたもうた生命を人間の力で奪うというのは人間の思い上がりでしょう。天の罰として生命が奪われることはあっても、人間が手を下すのは許されない。これが根本で、社会の実情に合致するよう、刑罰も随時柔軟に変えてゆく必要があると思います。

6. 国家が人の命を奪うとは

国家が「やむを得ず」犯す罪

伊東　殺人は人間が人間の命を奪うということで、あってはならない犯罪で、国が刑罰をもって同じことをするのは、国家の犯罪以外の何ものでもない。犯罪に犯罪を上塗りするものです。昔、タカ派の法務大臣で、たくさん死刑の判子をついた田中伊三次という人物ですら、人を殺すのは絶対的によくないことだ、そして死刑は、そのよくないことを、やむを得ず国家が行うのだ、と言っています。でもどうして「やむを得ぬ」なのか？　それは、既存の法律の条文にあるから、では、答えにも何にもなっていない。法律の条文にあり、死刑囚も数が増えてしまっていて、それを執行しないと法による秩序が保てない、って、戦後のＧＨＱ占領下ですか、ここはガザ地区じゃないんですから、今の日本でこういうことをいう人には、国連の拷問等禁止委員会で、自身の言葉で同じことを主張してもらいたいです。

團藤　まず、普通の人が常識的な感覚で理解できる「死」の不可逆性が、日本の法律関係者のなかにあるかどうか、それがそもそも大変疑わしい。

伊東　ここで、もういちど確認のためお伺いしますが、天皇機関説を論じる学生たちは、天皇を別に神様だと思って崇拝していたわけじゃないんですよね。

團藤　そうですよ、その通り。

伊東　ちゃんと法人格として理解している。天皇という位についているのは人間で、それが戦後の象徴天皇制になる。昭和天皇のお人柄のお話を伺うにつけ、天皇の人間性を強く思いました。ですから逆に「現人神だ」ということにして「神の名の下に」人を殺しちゃうみたいなことは、絶対に許されないことだと改めて思うわけです。

團藤　ええ、そうです。

伊東　うちの親父もそれで兵隊にされた口ですので、一般論ではなく僕はこれに対しては絶対的にノーです。さらに特定の宗教の名をかたって、その神の名の下に人の命を奪うことは、ますますもって許されない。国家神道であれイスラムであれ、あるいはキリスト教でもオウム真理教でも、神の名の下に人を誅するみたいなことはあってはならない……。

團藤　伊東君の言われる通りです。

伊東　なのに先生、現在の日本では、ある罪を犯して「情状の酌量」、この「酌量」というのは「さじ加減」という意味ですよね。裁判官という人間の「さじ加減」ひとつで、ひと一人が死刑になったり無期になったり、十五年になったりしている。

團藤　ええ、死刑と無期では死と生の断絶がありますよ。ぜんぜん違う。

伊東　こういう現実に、もっと普通の人が実感を持つべきだと思うんです。裁判官だって人間で、そのさじ加減というか、もっと以前の事実認定のちょっとした違いで、本当に生死の分かれ目が出てきてしまう。改めて伺って、なんとも恐ろしいことだと思いました。

国民主権と死刑の矛盾

伊東　いまこの『死刑廃止論』改訂版第三版の「はしがき」に「第三版は非常に重要だ」と書いていてらっしゃいます。偶然かもしれませんが、日付「憲法記念日に」とお書きですね。

團藤　そうです。

伊東　私はきちんと法学を勉強していないので、やはり基本的なことをお伺いしたいのですが、いまの日本国憲法は前文で「国民主権」ということを謳っています。国の主権者というのが、まあ、国民だということになっているわけですが、死刑制度は、裁判官、つまり公務員である国民が言い渡し、刑務官、これも公務員である国民が、これまた多くの場合、国民である死刑囚を誅することを、法で指定しているわけですよね。

ところで、憲法の議論で国民主権の話が出てくると、どうしても「国体」の話と直結してしまって、議論で大所高所のお話や、軍備なんかは言及されても、死刑の話題にはぜんぜん結びついて来ません。主権者である国民が、やはり主権者である国民の生命を奪うというのは、主権に関するどの枠組みでどう考えると、こういうことが成立するのか、僕には全くわかりません。後で触れますけれども、憲法三一条に関する話題は別論として、まず主権という大枠から伺えないかなと思うんですが、いかがでしょうか。

團藤　ええ、それはそうですね。法学部ではあまり論じられない面白い着眼点です。

伊東　とみにそう思った根拠は三つくらいありまして、例えばイタリアの刑法学者、ベッカリーア[*41]を引いておられますよね？

團藤　ええ、ベッカリーアは重要です。

伊東　ベッカリーアの犯罪と刑罰をめぐる議論は歴史的には、まずフランス革命とアメリカ独立に直接影響を与えているわけです。形として残っているものは、アメリカ独立宣言だったりフランス人権宣言だったりする。その延長には合衆国憲法もある。

ですから、狭く「刑法学」という枠で考えるんじゃなくて、法治国家ということを考えるときに、公権力が人を捕まえて命を奪うということや、あるいはそれ以前に拷問ですね、それをベッカリーアは本質的に論じている。要するに憲法が変わって国民主権になったけれど、いまの刑法も欽定憲法以来、ずうっと来ているわけですよね。一方で憲法三六条は公務員による拷問、残虐な刑罰はこれを絶対に禁止すると言う。ところが、それと真っ向から矛盾する死刑はそのまま存置されている。この範囲の系で見る限り論理は完全に矛盾です。しかもそこで誅されるのは、憲法で「主権者」と謳われる国民である。これはいったい何事であるか？　まずここらへんだけの骨格での本当の議論を、私はもっと法学の人にしてほしいと思うんです。

團藤　たいへん面白い議論ですね、大切な問題だと思います。うん。

憲法で死刑を廃止したフランス

伊東　なぜ今のような話を申し上げたかといいますと、最近、憲法改正だ、国民投票だ、ということをよく見るわけですが、今年フランスで憲法改正が行われ、死刑禁止条項が盛り込まれたことなんか、ぜんぜん日本では理解されていないでしょう。フランスは、死刑自身を廃止して四半世紀かかって、やっと憲法レベルで禁止が決まりました。

團藤　ミッテランさんが死刑廃止を決めた大統領でしたよ。それで実現したんですね。

伊東　もう一つ意外に思いましたのは、シラクという人は……。

團藤　ええ、シラクさん。

伊東　十一人しかいなかった死刑廃止賛成議員の一人だったそうですね。シラク氏はタカ派の印象が強かったんですが、大変、筋を通せる人物だと思いました。これは勝手な想像なんですが、シラクが大統領を辞める前に死刑廃止を憲法に入れたというのは、歴史に対する貢献の意識があるのかもしれないなと思いました。

團藤　ええ、そうかもしれませんね。

伊東　それは、アメリカ合衆国憲法があって、フランス人権宣言があって、という、大陸合理論、社会契約論的自由民主主義社会の基本思想の流れがあるわけでしょう。その延長に、いまの日本の憲法もまごうことなく存在している。死刑を、刑の法制史ということではなく、国民主権とか自由の本質とか、そういった根本的なところから捉えなおさねばならないと思うのです。残虐な刑罰を廃止していくということは、人間の尊厳を重視する自由主義社会思想史の必然と思いました。

團藤　そうですね。このミッテランさんというのは本当に素晴らしい人でしたよ。一度、宮中で会ったことがあります。一回握手しました。(一回だけですけれどもね。)

伊東　いえいえ、一回なさっていれば十分です(笑)。

團藤　その手は温かい手をしているんです。温かい柔らかい手をしていて、そして目がしっかりしてね。人柄がにじみ出ている。「この男だから死刑廃止できたんだ」と思いました。

大統領の歴史貢献

伊東　調べてみて驚いたのですが、ミッテランは一九三〇年代、反ユダヤの極右から出発しているんですね。それが対独レジスタンスに転向して、戦後は三十代はじめで労働党から入閣している。それから一九五〇年代にはアルジェリア戦争にも大幅に加担しています。左や右、あるいは武力に関してもまた大きな振れ幅でさまざまな経験をした末に、大統領に就任して死刑廃止を「上からの判断」として断固実行している、それに至る道のりは決して平坦ではなかったようです。

「フランス人権宣言」が出たのは一八世紀末の大革命期ですが、その直後に、例えばジャコバン党[42]の独裁なんかで、死刑の名の下に政敵の大量粛清が行われます。ダントン[43]とか、みんなそうですよね。当時の世情不安とか、いろいろ理由はあるのでしょうが、「保安処分」の最も「安全」な方法として、敵を抹殺する「死刑」が日常的に行われた。二〇世紀に入ってもこれは同様で、ナチスはその最たるものですが、そういうことに、最終的なピリオドを打ったのがミッテラン。でも彼自身、青年時代は極右からスタートしている。自分の過ちとしてこれらの問題を受け止めているという意味で、先生が最高裁判事として死刑宣告して初めて「廃止論」を明確化されたのと、似ていると思いました。

團藤　彼にはそういう背景もありますね。

伊東　ええ、ミッテランが導入した死刑廃止を、これまたタカ派として知られたシラクが憲法に書いて決定打にした。軍備と死刑と、実はどちらも命が関わることですが、これらの変化を、日本から「フランスは進んだ国で、革命後は自由主義社会と社会契約論が直線的に発展したのだな」なんて誤解したら、物事の本質を完全に見失うと思いました。

ミッテランは対独レジスタンス軍人から、戦後は帰還兵・戦後補償担当相として入閣もしていますから、フランス国内でナチス協力者の処罰にも何らかの形で関わっているのではないでしょうか。軍事攻撃から軍法裁判、処刑執行立会いまで、およそ一通り経験しているかもしれません。そういう、いってみれば過ちを犯し、大変な紆余曲折を経て、それを内側から、腹の底から理解してこそ、制度は改まってゆくわけでしょう。これは犯罪者と全く同じではないですか。日本でも裁判員制度が導入されて、市民が市民に死刑判決を下すケースが激増したら「ああ、こんなことは絶対にもうしたくない」という声が大きくなると思います。そうしたら、さっさと死刑廃止になるんじゃないでしょうか。そのために、裁判員制度の初期、たくさんの死刑を言い渡し、それを執行し、言い渡しをした市民裁判員も生涯心に癒えぬ傷を負い……なんてことを、積み重ねる必要はないと思います。

厳罰主義の是非

伊東　自民党政権の死刑激増政策に対して民主党が重無期刑導入を政策レベルで考え始めていると新聞で読みました。自民民主、どちらの政策立案ブレーンも、ここでの團藤先生の議論を大いに参考にしてもらいたいと思いました。ここでの話は、党派性のある政治ではなくて学術的な議論です。裁判員制度が始まって、死刑判決が出始めたら、間違いなく初期は混乱を覚悟しておくのが、見識ある備えというものです。死刑判決をめぐって世論が紛糾すれば、選挙になったとき、制度遵守で死刑推進した側が、大敗するリスクを抱える。実際に死刑言い渡しが始まったら、市民で感情的アレルギー反応を示す人は、まず間違いなく出てくるでしょう。というか出てこないと前提するほうが不自然です。裁判員本人は何の恨みもないのだから……。

團藤　まったくです。

伊東　ここで大事だと思うことがあります。政治学者の藤原帰一さんが、二〇〇七年夏の参院選での自民党敗北を受けて、仮に民主党に政権交代したとき、「自民党が固まってこれにかかってくるだろうという問題が犯罪です」と指摘していますね。これは、投開票日の前日に東京の朝日カルチャーセンターであった公開講座での発言です。つまり、「政権交代したから日本はこんなに犯罪がはびこるようになった。あるいは民主党政権は死刑を断行するだけの力がない」という主張がなされると。

團藤　もしそういうことがあれば、大変危険なことですね。

伊東　藤原さんは、犯罪への恐怖を支持のために扇情的に利用する政治家は日本ではまだ少数だけれど、この安全をめぐる政治が拡大する可能性を指摘しています。ここで指摘されているのはナチス初期の「突撃隊」の発想に似ていますね。藤原さんは「これを無視して、厳罰主義に反対だと言っていると、世論のほうにひっくり返される。ワイドショーが犯罪をずうっと報道している最中に『厳罰主義、いけません』と言ったら、まさに絵に描いたようなインテリのいい加減な発言ということになるでしょう」とも指摘しています。私のような理系出身者には、こういう専門の知見は非常にありがたいものです。私自身は社会の安心、安全性向上のために、犯罪の「失敗学」をコンピュータや情報システムを駆使して構築すべきという立場ですから、闇雲な厳罰主義はかえって同じ誤謬を何度も繰り返すだけで、よろしくない、と考えます。

團藤　その通りです。

伊東　変な喩えですが、子供が漢字の練習をしているとき、間違えたといってそのつど全部消しゴムで消しちゃったら、何が間違ったのか分かりませんよね。本当の真相を究明せずに、文書だけ整えて「遵法的」だとして、どんどん犯罪者を抹殺してしまったら、対策が取れない。戦争でも捕虜を捕まえて敵情を知ります。子供の漢字だって、赤鉛筆でミスが分かるように添削しなければ、誤りの直っていきようがありません。予防拘禁ではない形の犯罪予防を安全安心の観点からも合理的に構築するべきです。こうした問題は、党派間抗争などミクロな政治の道具として使うべきではありません。科学的にやらないと。

團藤　そうですね、大本がしっかりしていないと、いけません。

伊東　「司法犯罪」という表現が先生のご著書中、随所にありました。国が人の命を奪うとはどういうことなのか。刑罰、戦争のために兵士を海外に派遣すること、自衛や平和維持活動への参加、あるいは災害救済、これらは明らかに違うわけです。これらはもちろん、個別にきちんと議論しなきゃいけない。でも個別に議論しすぎて連関を見失うと、木を見て森を見ずになる。憲法は実質的には「殺すな」と言っているわけです。それを国の上のレベルで論じる部分がないがしろになっています。

團藤　日本では刑法学界全体からして、そういうセンスがないですね。そういう問題を議論してもね、初めからぜんぜん乗ってこないんですよ。もう驚くほどだめですね。僕はもう諦めていて……。

伊東　いえいえ、先生、諦めてはいけませんよ。だれにでも「主体性」があります。こうした議論は今後、政党の選挙公約などとしても出てくるでしょう。死刑廃止議連のトップは亀井静香代議士（国民新党）ですが、僕は彼がある人の柩の先頭を担ぎながら、人目も憚《はばか》らず号泣しているのを見たことがあります。亀井さんは警察出身の人も知る豪腕政治家ですが、逆に彼のような人が死刑を絶対廃止と言っている。すごく分かる気がします。

日本が主体的に本当に変わっていくのを期待しなきゃいけませんよ。

團藤　そう、主体性……そのとおりですよ、刑法学も主体的に変わっていかないと。

国民が国民を裁くとき

伊東　いま国民投票法だとか、近々予定されている「裁判員」の制度が始まってしまうと、我々自身が「裁く」ことになってしまう。そのときに、主権者国民として相手も主権者である国民をどう裁くか、そういう根本的な議論をまったく目にすることがありません。

團藤　（肩をすくめる）

伊東　この間テレビを見ていましたら、裁判員制度が導入されたら何が大変かって、「家庭で育児をやっている人は裁判員から逃れられるか」とか「仕事が三日間穴があくのは大変だ」とかですね、本当は、裁判に民衆を参加させろという権利のはずでしょう。一方でそれは国民の義務でもある。そういう本質にはまったく光が当たらず、何か掃除当番かバツゲームみたいな、一方的に上から押し付けられるものとして議論されているわけです。

團藤　うん、そう。議論がなかなかその先に進まない。

伊東　確かにパートで生活している人は三日も休んだらリストラされちゃいそうで、死活問題かもしれないけれど、じゃあパートを三日休んで、なるべく短い時間で勘弁してね、という裁判員が「じゃこの人は死刑、ハイおしまい」って、そういう裁判をするとなれば、もうこれは国難というか亡国というか。

團藤　ええ。おしまいですよ日本は、そんなことになったら。

伊東　またテレビ番組を作る側も視聴者にそういう話しか出さない。日本で裁判員より先に取り組むべき司法の課題は山ほどあるはずだし、国民の法意識、本当の意味での公教育の水準アップも必要です。このあたり、ぜひ先生のご意見を具体的にお伺いしたいと思うのですが。

團藤　そうですね。わかりました。

第4章

裁判員制度は根無し草

1. 裁判員制度、開始へ

法律の素人、では済まない時代

伊東 新しい『法学の基礎』を拝読しながら、とみに思ったのですが、私自身も含め社会一般の人間は、必ずしも「法とは何か」「法律とは何か」なんて、きちんと知らないで生活しています。しかし、きょう日の「国民投票法」みたいなものがあると、国民誰しも「法律は素人」なんて言っていられなくなりますね。実際、国民こそがこの国の「主権者」なはずです。ところがこの主権者は、下手をすると簡単にテレビで右とか左とか迷走してしまう傾向がある。そのあたりから、先生のお考えを伺えればと思います。

團藤 今の人は法律について考えたりしないでしょう?

伊東 だからこそ裁判員とか、国民投票とか、喫緊の課題が軽く扱われているのを危惧するわけです。憲法の国民投票も早ければ二〇一〇年ですし、裁判員制度も二〇〇九年から始まる予定になっています。

團藤 私は裁判員制度は、困ったものだと思っています。

伊東　困ったもの……どういうことでしょうか。

團藤　あんなものつくっても、なんにもプラスになりゃしないです。陪審員*44ならまだいいけどね。

伊東　ところがその「困った制度」が既定路線になっています。

團藤　本質的には裁判官の頭を切りかえなきゃいけません。その方がよっぽど大事。あと弁護士さんもね。

伊東　でも、そうした方向に世論全体が向くようにするには、本質を捉えた議論が平易な言葉で語られて、全国民に共有されることが不可欠と思います。

團藤　ええ。裁判員制度、あれは本当に困ったものです。

伊東　もう少し具体的に教えていただけますか？　この制度についてはいろいろな立場の人が思いを持っていますが、いざ制度が始まったとき、「さあ、あなた、裁判員です」と選ばれた人は、法律もわからないし、大変困惑するんじゃないでしょうか。

團藤　だいたい司法部の人たちだって、この先どうなってゆくかを知らないんですよ。どんなふうに動くか、誰も、まったくわからない。

民衆の求めた権利ではない

伊東　司法の素人の人間に、いきなり、選挙管理委員になるのと同じように召喚状が来て、無視すれば督促が来て、従わなければ場合によっては過料一〇万円ということですが……。葉書かなにかをもらって、素人が法廷に行く。それで「あなたも裁判員！」。これは法務省のホームページにあったキャッチフレーズです。非常に危険だと私は思いました。

團藤　この制度は、あくまで「官製」のものでしょ。司法の民主化、公開性、透明性を本当に言うのであれば、それは国民の中から、民衆の中から湧きあがってくる力でなければならない。それなら僕は尊敬しますけどね、要するに法務省あたりで考えて、誰かが裁判員って名前を考えついて、そうしただけのことでしょう。だから僕は、この裁判員ってのは、くだらないの一言に尽きるんです。この点はよく家でも話すんですが、家内も同感ですね。何の知識もないものが、法廷でものを言えるわけがない、やっぱり餅は餅屋でちゃんと裁判官が裁判しないといけない、とね。

伊東　すくなくとも、冤罪がどんどん出てくるようなことは避けなければと思います。

團藤　イギリスの陪審制はもっぱら民衆の力でしょ。国民の自然な欲求がある。ああでなければいけないんでね。

伊東　近年、大きな事件の判決でも重罰化の傾向が進んでいます。ここで、私の関わっている情動の脳科学を参照するなら、「被害者意識」の側に立って、かつ自分に累が及ばないとなると、人間はいくらでも冷酷になれる、そういう生理的傾向があります。
マスメディアがサダム・フセインや金正日を戯画化するのは政治的な背景が明確です。でも個別の刑事事件について、塀の外の我々は「本当のこと」など絶対にわからない。オウム裁判では、本質的な解明に結びつく情報が全然出てこないまま、突然、死刑確定のニュースが流れます。一方で、日常的に起きる殺人事件については、テレビが生々しいスキャンダラスな報道を流しますが、これは「事実」以前、「取り調べの結果こうだ、と当局から記者クラブにリークされたストーリー」以上でも以下でもありません。派手に報道したほうが話題性もあり視聴率が稼げるから、メディアもそれを煽る。これは金儲けのためのスクープ作りです。そういう報道、放送がある、だから私は総じてテレビのスイッチを切ることにしています。というのも、自分自身テレビと関係していた時間が長いので、少なくともテレビに関しては、いかに演出に満ちていて、視聴率の数字さえ取れればよいと思っているか、身をもって知っていますので。情報の取捨選択が決定的に重要です。

リーガルリテラシー教育の必要性

團藤　重大な刑事裁判の、大切な一審に、司法のトレーニングを受けていない一般国民が裁判員として共に責任を負うというのは大変なことです。もっともっと真剣に考えなければなりません。何といっても人の生死を扱うのですから。

伊東　ええ、かなり危なっかしいと思います。私自身は、もし全国民の義務・権利である「裁判員制度」を開始するのであれば、義務教育から全国民を対象に、法学的見識、「リーガルリテラシー」向上のための教育をセットにしなければ無理だと思います。「テレビで見たら悪者らしい」「そうだ、悪者に決まっている、それなら極刑だ」なんてことになったら、民衆裁判そのものです。ある対談で読売新聞の渡邉恒雄さんが「テレビの普及した国では民主主義は不可能だ」と言っていました。法廷で不用意に視聴覚メディアを利用すれば、実に簡単に裁判員をマインドコントロールできます。これは私の研究テーマでもある脳認知の生理的メカニズムに照らして明らかです。なのに、裁判員の法廷では素人にわかりやすいよう画像を多用するそうですね。法廷でのメディア利用には明確なガイドラインが必要だと、これはメディア情報の専門大学人として思います。

團藤　ちゃんとした人がいて、その人ががんばらないといけませんよ。

伊東　具体的には、「黒の文字を使用する」「不要の色彩は使用しない」など、ひとつひとつは小さな、簡単なことなのですが、これがとても大事です。裁判官の法服が黒なのは、何色にも染まらない公正な判断を表すそうですが、比喩でなくて本当にそれが必要です。「静止画や動画、音声などは、必要性が認められない限り使用しない」、どうしてもそのような「証拠」提出が必要な折には、裁判官を含め、事前に認知的ショックを受けないよう予防措置を施すべきです。ましてきちんとしたトレーニングを受けていない市民に、自覚に先立って意思決定してしまう「情動」を喚起させるメディア・コンテンツを提示するのは、脳科学とメディア情報の観点からは、冤罪を組織的に製造しているようなもの。このガイドラインについては、科学的裏づけを伴う素案を、追って発表するつもりです。

團藤　それはいいですね。ともかく裁判員なんてごまかしですよ。それではいけません。

2. 陪審、参審と裁判員

EUは憲法で死刑を廃止

團藤　EUでは憲法レベルでもって死刑を廃止していますでしょう。そういうことを、みんな知らない。アメリカでも十二州が死刑を廃止、四州が執行停止をした。でも合衆国としては廃止していません。日本はアメリカの真似ばかりして、ヨーロッパのことをあまりに知らないです。

伊東　二〇〇七年六月には国連の拷問等禁止条約に関連する視察団が日本に来ていましたが、そこではふたつ問題が指摘されたそうです。ひとつはまさに死刑の問題。もうひとつは代用監獄制度、身柄を拘束されて直後に留置場においたまま警察官がイニシアチヴを取って自白調書をどんどん書いてゆく。日本のこういう制度が問題になっていました。国連は代用監獄制度を拷問、自白強要、冤罪の温床だと……。

團藤　その通りです、冤罪の温床。とんでもないです。

伊東　そういう取り調べ情報が記者クラブを通じてマスコミから社会に流れます。

團藤　これは、警察がいまの体質じゃあ直りませんね。

伊東　さきほど裁判官の頭を切りかえるというお話がありましたが、警察官の頭を切りかえる必要もありますね。

團藤　大事なことです。だけどね、なにをおいても死刑を廃止しなければなりませんよ。死刑を廃止すれば全部改まってきます。今の日本人は死刑というものに疑いをもっていないでしょ。ヨーロッパでは考えられないことですよ。

伊東　欧州は第二次世界大戦時もファシズムの大量虐殺がありましたし、冷戦後もボスニア・ヘルツェゴビナなど東欧圏で凄まじい事件があったばかりです。一人を殺す法を存置すれば、何人でも殺せるという事実に、誰もが心から懲りているとよく耳にします。さきほどの制度導入のお話で、先生が「弟子が」とおっしゃいましたので……。

團藤　ええ（笑）。

伊東　裁判員制度の導入を決めた司法制度改革審議会の議事録が公開されていますので、一通り読んでみたんですが、先生のお弟子さんに当たられる先生がたもご登場でした。中には、團藤先生のいまのご意見に一致するご発言もあったようにお見受けしましたが。

團藤　そうですか。

伊東　ただ、やはり門外漢の私にはわかることが限られておりまして。先生が昭和一八年にお書きになった欽定憲法下での『刑事訴訟法綱要』のご本……。

團藤　ええ。

伊東　そのなかにも陪審に関係することにご言及があると審議会で引用されていました。また戦後の『刑法の近代的展開』（一九四八）でも、日本では検察が非常に優秀であって、起訴してしまうと有罪率が非常に高いのが各国に類例を見ないことである。検察が優秀なのも結構であるが、もうすこし、有罪率は減ってもよいから犯罪の捜査はあっさりやった方がいいのではないか、要するに、有罪無罪を決めるのは裁判所の仕事だというご意見だと、松尾浩也先生がお引きになっています。

つまり、有罪率を上げるために、密室の取り調べで調書を取って証拠を固めて法廷に臨む、今のようなやり方だと、なかなか法廷でひっくり返すのが難しい。それでは被告人に不利なので、もっと証拠もオープンにして、本格的な審理を市民も見ている公開の法廷でやったほうがよいというご指摘かと思います。だから、市民が司法をコントロールするという意味での陪審制を後押しする議論として紹介されたのでしょう。ところが法曹関係者に聞いたところでは、実際には裁判員制度はむしろ裁判員の負担を減らすためにと、証拠の開示を少なくしたり、審理の時間を減らしたりする方向になっていて、被告人の保護という趣旨と逆行することになっているようです。

團藤　それは大変けしからんことですね。

伊東　ちなみに平野龍一先生も戦後に先生と同様の主張をされて、「團藤、平野先生ともそういうご指摘があった」という話でした。

團藤　そういうやりとりが、審議会の中であったわけですね。

伊東　知人の弁護士に聞いてみますと、やっぱり「いま予定されている裁判員制度は、どうもよくない」という人が、率直に言ってとても多いですね。

團藤　イギリスのように民衆のなかから出てきた考えじゃない。頭のなかで学者や役人のつくった制度はだめですよ。形骸ですからね、そういうのは。だからあのままではとうてい賛成できないので、僕は非常に冷ややかに見ています。

陪審と参審と裁判員

伊東　ここで、陪審、参審の違いについて、少しおさらいをさせてください。陪審制の代表はアメリカですが、映画『十二人の怒れる男』のように、くじで選ばれた市民が、市民だけで議論して、有罪か無罪かを決めるしくみですね。評決は原則として全員一致だそうです。

これに対して、参審はドイツやフランス、イタリアも採用しているそうですが、くじなどで選ばれた市民が職業裁判官と同じテーブルで議論して、多数決で有罪か無罪かと、量刑も決めます。「審理に参加する」から参審制。日本の裁判員制度はどうかというと、市民とプロの裁判官が合議して量刑も決めますから、この参審制の一種であると言えそうです。陪審も参審も本来は司法の民主化、国民による司法のコントロールが目的ですが、聞くところでは日本の法曹界の主流は、有罪無罪の決定を素人に左右される陪審をともかく阻止したくて、結果的に落としどころとして裁判員制度で妥協したとも言われているようです。

だからといって「素人の裁判員のほうが職業裁判官より常識的で正しい判断ができる」という保証はどこにもないわけですよね。逆は幾らでもあると思いますが。ところが、そうした議論は、国民のよく知らないところでなされて、結局「有識者の先生が議論して法案も国会通過」なんて格好で「お上」からお触れが出される。これはかなりおかしい。法律関係ではないですが、僕も国の審議会にいたことはありますし、少なくともメディア認知に関して「有識者」なるものの発言がいかに根拠のない当てずっぽうかは知っています。

團藤　制度そのものはだれが考えたのかは知りませんが、もし民衆から自然に湧き出たものだったら、新聞があんな冷ややかな扱いになるはずがない。これは民衆のなかにそういう要望はなかった証拠だと思います。

伊東　確かに、そういう民意の白熱はなかったと思います。

團藤　これは要するに根無し草ですよ。しかも悪いことにね、裁判員という、一見気が利いた名前をつけてるでしょ？　欧米で市民の司法参加のない国はほとんどないので、日本でもつくったほうがいいだろうというのでつくっただけで、単なる外面の真似ですよ。

量刑は責任重大

伊東　裁判官と共に国民が量刑まで決定する参審制のある欧州では、ほとんどの国が死刑を全廃しています。市民が市民を裁いて、結果的に死に追いやる、などというおぞましい事態は原理的に避けられているわけです。連邦制のアメリカとはいろいろ違うのだと思いますが、国民主権を謳う日本では、アメリカと陪審・参審の意味はまったく違うはずだと思います。

團藤　市民の司法参加そのものは、本当は僕、大賛成なんだけど、民衆からもっと湧き出てこなきゃ嘘ですよ。せめて弁護士からでもあればまだいいんだけど、民衆とはほとんど絶縁してるでしょう。そういう根無し草がプカプカ浮いてるだけだから、だめです。

伊東　誤判が増えるか否かを、司法制度改革審議会はあまり議論していないように見えました。委員に中坊公平さんという弁護士がおられて、この人は後に不祥事があって弁護士資格を失いますが、当時は国民的人気も高く、「職業裁判官がたくさんの誤判をしてきた。死刑事件の再審無罪がこんなにある。だから職業裁判官は信用できない」という発言をした。その辺りから「陪審、参審のほうがいい」という流れができたみたいです。

團藤　裁判員制度で冤罪がなくなるかって、そんなことはありません。増えるかもしれません。あの『十二人の怒れる男』だって、たまたまヘンリー・フォンダ扮する正義感が強くて頭のいい陪審員がいて、正しい判断をして周囲を説得できたから無罪にできたけど、アメリカでは今、陪審制による誤判が多いことが、たいへん大きな問題になっていますね。

伊東　そのタイミングで日本に裁判員、ですか……。いずれにしても、誤判に関しては何の保証もないですね。

團藤　職業裁判官は、証拠の見方について訓練を受けた本当のプロですから、よくよく見ています。僕も裁判所にいたとき下級審をよく見ました。最高裁だけにいたらわかりませんが、下級審は本当に大変なんです。裁判員になんかなりたがる人、日本人の中にどれだけいるんでしょうね。むしろ一審にベテランの裁判官を配置して強化した方がいい。

伊東　ここで先生、「量刑相場」という言葉があるそうですが……。

團藤　うん、「量刑相場」。

伊東　通常、「この程度の事犯なら、このくらいの量刑」という裁判例の堆積があり、それを「相場」と称して……。

團藤　ああ、実務のなかでね。

伊東　はい、実務のなかで。つまり、どの裁判官が判決を書いても「こんな凶器を用いて、傷の深さはどのくらいで、被害者は何歳、被告人は深く反省している」というような場合、「この程度の犯罪なら、例えば五年だとか十年だとか無期である」という予想がつくわけです。結果が裁判官によって大きくブレない、量刑の相場があるというのです。法の中に書いてあるわけではない、いわば判決の蓄積の中にある安定性です。

團藤　実務のなかには、確かにそういうことがありますね。

伊東　はい。たまたま当たった裁判官がキツい人で、それで死刑にされちゃった、なんてことは、あっていいはずないと思います。

團藤　僕は、最高裁に十年ほどいましたが、最高裁にいたってわからないですよ、これは。そういうものがあるということはわかります。でもどのくらいになるということはわからない。だから事件が来ると、刑事事件は記録を全部精読したもんですよ。

伊東　ざっくりした直観や印象で、「こんなにひどいやつは、死刑」とか、そんな乱暴なこと、プロは絶対にしないでしょう。ところが、極論すれば素人はイメージで量刑をしてしまう懸念があります。罪刑法定主義の基本が印象批評ですっ飛ぶとまでは言いませんが。

團藤　日本の刑法は制度上、量刑の裁量幅が大きいですからね。それが現状では安定していると言われるわけですが、量刑はコンピュータで機械的にはじき出せるようなものではなく、裁判官の主体性、つまり司法修習以来徹底して訓練された職業裁判官が人間的な確信をもって決定するものです。そういったトレーニングを受けていない素人の裁判員が入ってくると、少なくとも当初は、間違いなく混乱が起きるでしょう。

伊東　混乱期に裁判を受けさせられる被告人は、何とも因果ですね。

知らしむべからずの風土

伊東　同じような犯罪を犯しても、当たった裁判員によって刑が重くも軽くもなる、なんてことが起きたら、いったいどういう法治国家かわかりません。「当たった人が悪かったですね。いつもより余計に懲役つけてあります」なんて、冗談にもならないでしょう。同様に「裁判員制度の初期だから、被告人もまあご理解ください。死刑／無期」もありえない。

私は「感情は理性より先立って意思を決定する」という脳認知の生理原則をもとに法律問題を考えるわけですが、訓練を受けていない素人が裁判員になると、自分自身で気がつかない感情の発動に振り回されて、乱暴な量刑がまかり通る危険が高まります。もう一つ、素人が裁判員にいきなりなっても勝手がわかりませんね。だから一緒に事件を担当するプロ裁判官が、理路整然と理由を挙げて「これは五年が相当」などと言ったら普通の人は「おまかせします」となる。そうならば、わざわざ膨大な予算を投じて制度を作る意味がない。

團藤 ええ、意味がない。

伊東 日本は根本的に、判例法、コモンローの国と風土がぜんぜん違うわけだから。

團藤 向こうでは一般の民衆が、本当に法律的なセンスを持っていますね、センス。理屈よりも何よりもセンスを持っている。ロンドンで泊まっていた下宿のおばさんもね、インテリでもなんでもないんだけど、法律論を結構やるんですよ。なかなかいい議論をするんです。自分の意見があって、支持政党があって、総選挙の前に一般市民が運動をする。もう専門的な理屈抜きで感覚で言うんだけど、きちんと筋が通っている。イギリス民衆はそういうことをよく訓練されてますね。

日本では徳川以来「よらしむべし、知らしむべからず」でしょ。御定書《おさだめがき》は奉行が持っていて一般には完全非公開、極秘です。民衆に知らせない。国民に法律を知らせるようになったのは明治憲法以降です。でも国民意識は簡単には変わりません。今でも法律は与えられたもので、当然従わなきゃという意識が、かなりあるんじゃないですか。だから批判する意欲も力もない。自分たちの法律だという意識が出てこなければ本物ではないです。

3. 死刑のある国の裁判員

死刑廃止なくして裁判員制度なし

伊東　裁判員制度に反対しておられるのは、裁判官出身の方が多いんですね。「違憲のデパート」などという批判もありました。専門家に反対論がとても多いです。

團藤　そうですか。そうでしょうね。

伊東　違憲かどうかは、もちろん僕はわからないんですが、ちゃんと議論するべきですね。いま先生から伺っていて、明確にわかったのは「死刑廃止なくして裁判員なし」という大原則です。国民主権の憲法の下でこの国に裁判員制を導入するには、まず死刑だけは絶対に廃止しなければならない。

團藤　日本はなんでもアメリカに右へならえになってしまっていますね。

伊東　アメリカがどうだから日本もこうするべきだ、式の議論には本当に辟易させられます。実質を見ないと。アメリカが誤っていることなんて、腐るほど指摘できます。内実を考えずに「世界の強国」に右へ倣え、というのは、少なくともいま学術の立場で物事を論じているとき、絶対にすべきことではないでしょう。アメリカだけではなく、フランス憲法などほかの事例もよく見て、どう考えるかが重要で、問題は日本人がおのれの憲法をいかに主体的に読み解いてゆくかということなのですから。

先生の、民衆から上がってきたものではない、というご指摘と同時に、国民という人間が同じ国民という人間の立場で裁かれて死に至らしめられるということは、国民主権の日本国憲法を持つ日本で、そもそもこんなことが本来あるべきでない、僕はそう思います。先生ご自身が最高裁で死刑判決を下して「人殺し」呼ばわりされてショックを受けられたわけですし。

團藤　ええ。あれはこたえました。

伊東　ＧＨＱとの交渉から、東大法学部教授の何十年というご経験までお持ちの團藤重光先生にして、実際に死刑を言い渡すのは人間として大変な事件だったわけです。ところが、同じような判決を、裁判員になると、普通の市民が行うわけでしょう。法廷で当然、被害者にも被告人にもその家族や関係者にも自分の素顔を晒して、しかも専門の裁判官の倍の六人もいて、原則多数決のルールで「あなたは死刑です」と言い渡さなきゃならない裁判員にさせられる側は、そういう国の決めた立場で、人を殺すという判断、心証をちゃんと持って、下させられるわけですから、言ってみれば殺意を持つことを、制度的に強要されるわけでしょう。「この人物は死刑が相当である。殺害しなければならない」という心証を確かに持たねば、いいかげんな判決は下せないわけですから。裁判員、最終的には司法の民主化は大変結構だと私も思うんですが、こんな生硬な形で、下知《げじ》されるみたいな格好で行うのは、民主化と逆行しかねない危惧を感じますね。

国民の九割が「死刑もやむなし」?

伊東　僕自身は「裁判員制度」自体に反対という立場はとっておらず、あくまで、もしそれを実施するのであれば、教育を整備し、死刑を廃止し、その他、自由と民主主義の進展、向上に生かすべきだ、運用が大事だ、という考えです。いま、先生から裁判員制度を上からやるのは感心しないとのご発言があったわけですが、あえて上からやってもいいから進めたほうがいいのは死刑の廃止だと思うんです。

團藤　ああ、それはそうです、ミッテランもそうでした。

伊東　だから、裁判員制度を実施するのだったら、法務省も同時に死刑廃止も積極推進しなければならないことが、論理的によく理解できました。

それでデータを持ってきたのですが、司法研修所が二〇〇七年に発表した調査結果で、国民一般にアンケートを取って「自分が裁判員になったとして、死刑判決を下しますか」と尋ねると、「いかなる場合でも死刑は下さない」「死刑を選択しない」という人は百人のうち十一・九人だったわけですね。

團藤　でも、そんなにいるんですか。

伊東　いえいえ、要するに一割強ぐらいは死刑廃止だと言う人がいるわけです。ということは、逆に十人のうち九人、九〇％近くは「場合によっては死刑の選択もやむを得ない」と答える、要するに「存置」と言っているわけです。

ただし、これを死刑存置に大賛成の人が九割だ、と見るのは間違いでしょう。というのは、回答者が自分の主体的な問題だと認識していないからです。図らずも自分が裁判員になったとき、同じ市民として「死刑の宣告」に名を連ねなければならないかもしれない、その罠にはまりそうな、危なっかしい状態にある人が国民の九割に達しているという数字だと思うのです。心ならずも死刑の宣告に名を連ねる人が国民の大半にのぼること。しかも、そんなものに関わってしまうと、生涯にわたって守秘義務も負わなきゃならないし。私は、死刑の事案とわかったら、過料一〇万払っても「良心的裁判員拒否」を選択すると思います。自分自身が死刑執行人にならなくても、裁判員として死刑を言い渡す側に立つというのは、先生が最高裁で経験された「人殺し！」と同じことですよね。

團藤　そうです。

伊東　個人的に恨みがなくても「殺せ」と「わたし」が「被告人」に宣告させられる。これは実は徴兵制とすごく似てるんじゃないか、という指摘もありました。自分は敵に恨みも何もないが、上官の命令、国の命令だから、武器を取る、これと同じだという論旨です。だからこの問題は、単に裁判員制度だけを論じるというよりも、憲法レベルで死刑を廃止した国家が、純然と裁判員の問題、あるいは開かれた司法の問題として長期的な視野で考えてゆくのが、本来の筋であるはずです。そう考えると刑法の側から憲法九条が見えてくる……。

團藤　ええ、だから死刑というのは戦争と同様、そもそもあっちゃいけないんです。絶対に廃止ですよ。

伊東　現状での裁判員という形式は、人が人の命を奪うということを、国家が新たに認める新しい道を作ることになっている事実は、きちんと国民全般に周知されるべきでしょう。

團藤　裁判員は、よく事情がわからないまま、認めちゃうでしょう。そんな裁判員は絶対にいけません。

伊東　こういうことは、法治国家として、憲法で定めた秩序を守り、罪刑法定主義を遵守する枠のなかに、本当にきちんと収まっているのでしょうか……。

團藤　疑問ですね、うん。

伊東　僕も疑問です……でも僕のような素人がこんなことベラベラ喋っていいものか……。

團藤　いや、ズバリでないといけませんよ、本質的な問題に関してはね。肯定しちゃいけない、ズバリとやらなきゃ。この問題を正面から考えたら、ズバリ廃止論ですね。どうあろうとも、こんな人殺しはあっちゃいけない。

伊東　みんな裁判員から考えるからわかりにくい気がします。逆に「死刑のある国に裁判員を新導入する」ことで、国民にどういう恐慌が来されるか、現実に発生するリスクや損害を積算する方が、みんなにリスクを理解してもらいやすそうです。

團藤　そうですね。だからいまの裁判員というのは、僕は初めから反対なんです。

義務か？　権利か？

伊東　義務と権利、どちらがいまの裁判員制度の本質なのでしょう。新聞やテレビは「義務＝押しつけ」と、現時点での本質をはからずも正確にとらえています。ただ、そこから先に議論がなかなか深まらなくて、制度に内在する本当の危険を国民にきっちり伝えることができているようには思えません。

国民の司法参加には、兵役や納税と同じように、国民に拒否する自由がない「義務」の側面があります。にもかかわらずあいまいな表現で「あなたも裁判に参加できます、特等席で法廷を見ることができて、なんと判決まで下せちゃうんです」みたいな宣伝をするのは、基本的におかしい。法務省のホームページ「あなたも裁判員！」というものを見て絶句しました。裁判というのは殺害現場や死体などの証拠写真を見せられ、結審後は生涯の守秘義務を課せられ、もしかしたら被告から逆恨みされるかもしれない、そういう凄まじいものでしょう。

團藤　そうです。裁判官だって命がけです。

伊東　だから僕はこれについては「義務教育強化論」なんです。十分な準備もなしに裁判員になって、ＰＴＳＤ（心的外傷後ストレス障害）になる人が続出したらどうするのでしょう？　国家は賠償してくれるのでしょうか。

團藤　ないでしょうね。うん、間違っているね。

伊東　陪審制や参審制を持っている国は、徴兵制を採用しているところが多いわけですよね？　つまり国から動員されることについて国民に自覚と耐性がある。武器を取って国を守る「権利と義務」を憲法で保障された国で、司法の権利と義務も共有されている。今の日本国憲法はそういうものを全部否定しているし、現在の日本人にはそうした経験がありません。兵役があれば必ず軍法会議があり軍事裁判があります。

團藤　そう考えると陪審のほうがかえっていいぐらいですよ、参審よりは。やることの限界がハッキリしていて有罪か無罪か決めるだけだから。日本でも昭和初期に陪審制度ができましたね。何百件かかかりましたか。でも戦争が始まってやめてしまった。第一、金がかかってしょうがないんです。まず陪審法廷をつくらないといけない。陪審員への報酬もある。何日も拘束しますから、相当な額になります。

伊東　ただ、戦前の陪審が廃止されるというのは、言ってみれば民衆の声が反映されなくなっていったことでもあるわけでしょう？　翼賛体制に入る過程のどっかでなくなるわけだから、同じようなことで裁判員制度がダメになるのは期待したくないですね。できれば本当に意味のある開かれた司法にしていくことが本質的だと思います。本質は、義務教育でのリーガルリテラシーの徹底強化と、社会人を含め、こうした法の公教育が普及するのに必要な期間を考慮すること、そして、明らかに初期には誤判のリスクも高まるわけですから、裁判員導入と基本的には同時に、死刑は停止するべきであると思います。理屈がきちんとつくと、ハッキリものが言えますね。

現代の「石打ちの刑」

伊東　もう一つ、イスラム法関係のことを調べてみて、考えるところがすごくありました。イスラム法には死刑の種類が幾つかあります。例えば「首斬り」というのがあります。イヤですね。それから「鞭打ち」でも一定数以上になると、刑が終わったときには生きていないらしいです。鞭打ち十回というのは死なない。だけど、何百回というのは要するに内臓破裂で死んじゃうことを意味する。運よく生きていたら思し召しなのでしょう。あるいは刑務官が手心を加えられる範疇だったのかもしれません。弱く叩くとか。日本でも島流しは、生活インフラのない島に流されるということで、要するにあとは強制労働やら、病気になっても医者も何もないから実質的に緩慢な死を迎えろというのと似てます。

そんなイスラム法の死刑の中には「石打ちの刑」というものがあります。これは罪人に石を投げつけるのですが、民衆が投げるわけです。インターネットで見たので本当か嘘かわかりませんが、罪人を白い布で巻いて下半身を土に埋めておくんだそうです。それで「さあ、石打ちの刑だ」と宣言する。そうすると民衆が石を投げ始めるんですね。投げてるうちにだんだん興奮してゆくらしくて。休職中の外交官の佐藤優さんが、投げる石の大きさまで厳密に決まっていると、先日教えてくれました。罪人に石を投げているうちに、だんだん、白い布が赤く染まっていくのだそうです。とても嫌ですね。つまり罪人を誅すということに民衆にも手を下させる。言ってみれば古代からの恐怖による統治方法で……。

團藤　そうですね。

伊東　最も人間の主体性とか尊厳と逆行するものと言っていいと思うんです。

團藤　その通りです。

伊東　いまアメリカが「文明の衝突」だなんていって「イスラム原理主義は非常に野蛮

である」と言いますね。だけど、実はそういう野蛮の最たるようなこと、つまり恐怖による統治とか、陪審と死刑の並存とか、人倫を踏みにじるようなことをアメリカ自身たくさんやっている。だからアメリカに右へ倣え、なんてことは学術の立場からは疑問を持たざるを得ない。そんなアメリカがイラクを空爆しながら「文明の衝突」なんて偉そうに言えた筋合いじゃないと思うんです。ですから現状のように死刑を存置したまま裁判員というものを入れるというのは、言ってみれば普通の主権者国民に石打ち刑の石を投げさせるのと同じことであって……。

團藤　（拍手しつつ）その通り、その通り！　うん、その通り。名言だ。

伊東　とんでもない。ただ、陪審のもとになっている、イギリスが民主制の基礎に想定しているのは、例えばオストラシズム（陶片追放）[*45]みたいな、やっぱりギリシャ以来のデモクラシー、要するにポリスで市民の権利を拡大していく形でしょう？

團藤　ところがね、ここで、日本の古代を考えると、八百万《やおよろず》の神が出てくるわけです。『古事記』に出てくるようなもの、ね。

伊東　日本の記紀神話はそういう多神教ですね。ギリシャも多神教ですけれど。

團藤　でも、ああいうのも日本では民衆裁判ですね。

伊東　といいますと？

團藤　だってね、みんなの見ている前で熱湯に手を浸けさせて、無罪だったら火傷しないはずだ、なんてやる。火傷をすると、それ見たことか、罪人だ、けしからん、と皆で寄ってたかってやっつける。熱湯の前まで引き出してしまえば、普通お湯に手をつければ火傷しますから、間違いなく結果は見えているわけです。

伊東　そりゃそうです。

團藤　だから、衆人環視の中でのなぶり殺しでしょう。日本の古代は、そういうところで司法が終わっちゃったから、だめだったんです。

伊東　なるほど。でもこれはメディアで袋叩きにする現代日本と似てますね。そういう根っこを古代から引きずっているかもしれない日本人として、そこから先の選択が決定的と思います。私たちは「石打ちの刑」や「熱湯裁判」の恐怖支配に留まるのか、それともオストラシズムで人間の尊厳を保つのか。要するに、市民が選挙権を行使するように、司法にもきちんと主体性をもって権利行使できるようにするのかどうか。その境目ですね。

　刑罰も投票もギリシャ・ローマの古典時代から存在するわけですが、それがビザンツに行って、イスラムに受け継がれて、イスラム法にもつながっている。イスラム法、シャリーアは素晴らしい部分がたくさんあると思います。法学の源流をたどると、中世の聖トマスが古代のアリストテレスを学んだのはイスラムによるギリシャ・ローマ文明の継承があったからです。これは忘れられがちですが、ルネサンスは大半がイスラム文化の輸入に他なりません。アリストテレスもアラビア語訳からという話ですし。ただ、優れたところもたくさんあるイスラム法の中で、民衆に手を下させる「石打ちの刑」のようなものは、二一世紀の日本には要りません。アラーの強大な宗教権威があって成立している「石打ちの刑」を、信仰もへったくれもない日本社会に持ち込めばどういうことになるか。

團藤　けしからんことになりますね。

教誨師という不可解な存在

伊東　もう一つ、不思議な存在があります。教誨師《きょうかいし》という人たちです。実際の死刑執行には教誨師も立ち会いますね。

團藤　はい。確かに立ち会います。

伊東　この教誨師という存在を国や法はどう考えるのか。非常にいい加減だと思ってみているのです。死刑というのは宣告の後、刑務官たちが執行するわけですが、そこに教誨師として同席する人がいる。教誨師というのは坊さんとか神父とか、要するに宗教者ですね。刑務所の中に入り、目の前で人が吊るされるのをおとなしく見ている。平然とではないでしょうが、知り合いの死刑執行を実力で阻止したりはしない。結果的に容認している。確かに見届けてやる、という、これは何なのか？　教義で死刑を認めて、教誨師が目の前の殺人——死刑はハッキリ人殺しですが——を眺めているかというとそうでもないらしい。仏教にも不殺生戒があります。なのに引導を渡したりお経を唱えたりしながら人殺しに立ち会っている。ちんぷんかんぷんです。

オウム裁判では、検事にも裁判官にも「殺人を認めるとは真の宗教者ではありえない」という内容の発言がありますが、では同じ司法の枠組みで、刑務所で処刑に立ち会う教誨師という存在を、司法当局は一体どう説明するのでしょう？

團藤　現実の教誨師さんは良心的であればあるほど、煩悶を感じるでしょうね。教誨師の大半は死刑廃止論者でしょう。

伊東　ええ、それはわかっていて言っています。

團藤　だから本人としては必ずしも矛盾していないと思います。でも死刑に立ち会わなければならない。立ち会えば立ち会うほど、死刑廃止への傾向は強くなる。私の知り合いで、長崎の教会の神父さんは、死刑に何度か立ち会って、ますます強い廃止論者になりました。

殺人教団と死刑存置国

伊東　教誨師の例を挙げましたのは、自分はその意思はなくても組織の一員として人殺しに加担させられることがある、その極端なケースと思ったからです。少なくとも彼らは、主体的に死刑に加担しているわけではないでしょう。

私の友人の豊田君は、オウム真理教にマインドコントロールされて犯罪を犯しました。で、ここでは彼のような人が、どれぐらい主体性をもって犯行に及んでいるか、という問題をもう一度考えてみたいわけです。

オウムとその教団は人を殺すということを是認する教義をもっていた。殺人を犯している集団だと知りながら、そのために働くのは、その時点で許しがたいと裁判は言うわけです。僕も、ナイーブにはそう思いました。ところが、ある時期、ふと気づいたのです。今現在、日本国政府というのは死刑という「教義」を存置しています。そして私自身、現在は国立大学法人の大学教員ですので、人殺しを是認する集団「日本国」に属している。その事実に気がついてゾッとしたのです。殺人を犯している集団と知りながらそのために働いている。これでは全く同じだ、これは困ったことになりました。自分自身も、日本国政府という、死刑すなわち人をあやめる教養を持ったグループの一員であり続けているのですから。すべての東大教授、みんな同罪です。

「お前は国が殺人や犯罪を犯していると知りながら、その片棒を担いでいただろう」と全国家公務員が責められたら、たまりませんね。でも実際にはナチスドイツ時代、政府は税金を使ってユダヤ人問題などの「最終解決」を極めて効率的に推進したわけですし、戦後は「公務員としてその職務についた」人たちが「人間性に対する犯罪」を超国家法規的に、きっちり断罪されて、ナチス親衛隊員や生体実験を行った医師などが処刑されています。

團藤　そうですね。

伊東　いまもし日本で、職業裁判官として死刑を言い渡した経験のある人が、政治体制が変わって全員死刑を求刑されたらどうなるでしょう。ナチスは実際、公共事業として税金を使って国の方針として精神障害者や発育遅滞者、さらにはユダヤ人を殺戮し、戦後はアイヒマンなどが超法規的に処刑されるわけですから。

国による死刑だけは特別の聖域で、それに加担する殺人は国法が認めるから良いと思考停止するわけですか？　だとすれば一体ナチスや戦前のファシズムの歴史をどう考えているのか。戦争犯罪は人道に反する罪だという意味を日本人はどう受け取っているのか。その実ニッポン人は何も過去に学んでいないという、国際的な批判を免れないではないですか。これは「自虐史観」なんかではない、国際社会の一般常識です。僕は韓国にも中国にも友人はたくさんおりますが、こうした歴史への率直な認識の共有なくして、友情というか、それ以前に基本的な人間的信頼関係は、結びあうことができません。

教誨師の件については、裁判所が心の内面である信仰の中身まで言及して「真の宗教」といった表現をするのが、そもそも完全に間違っているわけでしょう。

團藤　法の本質に照らして間違っています。思想と信仰の自由、政教分離は憲法で保障されているものですから。

伊東　結果的にいま教誨師がぶら下がっている状況は、戦争に関する自衛隊と似ていて、とても中途半端です。この矛盾は合理的に説明できるわけがない。というか論理的にオカシイことが証明できる。ここでの解決策はただひとつ、司法の枠組みにおいて、合法的な殺人という矛盾、死刑を廃止する以外にはない。そういうことになるのだと思います。

團藤　ええ。まったくそれで正解だと思います。

第5章

憲法九条と刑法九条

1. 死刑合憲判決を読み直す

死刑は残虐な刑罰ではないのか

伊東　繰り返しになりますが、フランスやEUのように憲法のレベルで死刑を廃止している国や地域が二一世紀の国際社会では圧倒的に多いわけですよね。

團藤　そうです。

伊東　ところが、今の日本では「憲法改正」といっても、大半は九条の問題の一部が取り上げられて、少なくとも死刑に関する憲法レベルの議論は、ほとんどお目に掛かりません。

團藤　その通りです。

伊東　日本国憲法は三六条で「公務員による拷問及び残虐な刑罰は、絶対にこれを禁ずる」と謳っていますが、改めて考えると、死刑はまさに究極の「身体刑」です。生きながら足を切るとか、目をくりぬくとかは残虐だからだめと言うわけですが、死刑は……。

團藤　死んでしまえば、元も子もありませんから。それに、絞首刑だって、非常に残虐な刑罰ですよ。私は拘置所の中にある刑場を実際に見て、執行の様子を刑務官の方につぶさに伺って、そう確信するようになりました。現にアメリカでは絞首刑は残酷だからと、電気椅子が考案され、これも残酷だというのでガス死刑、さらに薬物注射が発明されましたが、これだってひどいものです。

伊東　スーザン・サランドン主演の映画『デッドマン・ウォーキング』に出ていましたね。

團藤　それから死刑を待つ間に死刑囚が味わう極限状態は執行にもまさる残酷なものです。

伊東　戦後の憲法三六条で残虐な刑罰は「絶対に」これを禁ずると書きながら、明治以来の刑法そのものでは、第九条「刑の種類」として「死刑、懲役、禁錮、罰金、拘留及び科料を主刑とし、没収を付加刑とする」としています。国民投票法で憲法九条改正の議論は出てきても、刑法九条と憲法三六条の矛盾なんて議論はまったく出てきません。

團藤　ええ、そういう議論になっていません。

死刑合憲説の根拠

伊東　そこで刑法九条とか憲法三六条の条文を自分自身でも読み直して、少し調べてみると、憲法三一条という、第三の条文がキーポイントになっているのですね。この二つの矛盾ではなく、別のものがあるから合憲だということになっています。僕は理系の出身で、コンピュータの教師などもやらされてきたので、変に過敏なんですが、これは数学や計算機のプログラミング言語などのような厳密な意味で考えると、すでに論理として成立していないいんですね。厳密にいえば、自然言語というのは一意性がない、定義できない言葉で書かれているから記号的に厳密な論理は絶対に成立しないんです。ゲーデルとかヴィトゲンシュタインとか、こういう話を始めますと切りがありませんが。ですから、刑法でも憲法でも「私は、死刑は残虐な刑罰に当たらない、という立場を取る」とか「取らない」とか、読む側が勝手に与件を増やしてしまえるから、法学というのは実は数理的な論理ではなく、意思と感情において筋道を立ててゆくべきものなのですね、本質的に。

逆に言うと、そこに情状酌量の余地も生まれれば、人情の機微も入ってくる。これがプログラミング言語で裁判された日には、生身の人間はたまったもんじゃありません。だから「法律に書かれたとおり死刑を執行しなければ秩序が保てない」なんていう言葉は、論理としては冷徹ではないし、解釈としては人間的でないし、まことに生半可だと私は思うのです。

「憲法第三一条　何人も、法律の定める手続によらなければ、その生命若しくは自由を奪はれ、又はその他の刑罰を科せられない」。これだってまさにそうで、これを逆に「法の定める手続きによれば生命を奪っても構わない」と読んで、死刑制度は合憲であると言っているわけですが、それは前文や三六条と、プログラミング言語的に厳密な論理では、一切関係がない。ところがそういう厳密な論理検証は法律の世界ではなされないわけです。それどころか、実際に死刑を合憲とした筈の最高裁判決原文を読むと、実態は全く苦渋に満ちたものであることがわかります。なのに大半の法律家が、まるで受験参考書で勉強したような、マニュアル的な理解に留まっているらしい。よく見てみると、多くの法律関係者の理解には根拠とされるものの事実と日付、現実的背景がまるまる抜け落ちているのです。

以前こういう経験をしたことがあります。母が晩年、認知症気味になって、私が病院に連れて行って検査を受けさせていました。そのとき、外来担当の若い医者が、私が海外出張で留守にする前に病院に連れていった一カ月前の古い検査データをもとに、日付や数値をろくにチェックせずに薬を処方しかけたのですね。血糖値が大変異常な数値で、そのまま現状を確認せずに投薬したら危険だとすぐわかりましたので、直ちに指摘して再検査してもらうようにしました。医者は最初、いい顔をしませんでしたね。外来の回転効率が落ちるのと、診断の中身に「素人」と思っている患者の家族から口を挟まれたのが面白くなかったのでしょう。実際、再検査の結果は一カ月前とぜんぜん違っていました。

團藤　けしからんことですね。

伊東　それ以来、その病院は二度と使わないことにしたのですが、これと同様に「忙しさ」などにかまけて、とうの昔に賞味期限が切れている条文や判決が一人歩きする例が、最高裁判決を含む司法の現実に存在するように私には思えたのです。

團藤　それはどういうことですか？

「生命は全地球より重い」、しかし……

伊東　調べてみると、日本国憲法と死刑制度が矛盾しないとする最高裁判断は、二一世紀の今日でも、一九四八年三月十二日付の最高裁判決を下敷きにしています。

團藤　その通りです。

伊東　この判決の文言は極めて有名で、前半の「生命は尊貴である。一人の生命は全地球より重い」というフレーズは僕も子供のころから知っていました。

團藤　ええ、とてもよく知られた判決文です。

伊東　僕はこれが判決文だとは知りませんでした。その続きを読んでみましょう。

「死刑は、まさにあらゆる刑罰のうちで最も冷厳な刑罰であり、またまことにやむを得ざるに出ずる窮極の刑罰である。それは言うまでもなく、尊厳な人間存在の根元である生命そのものを永遠に奪い去るものだからである。現代国家は一般に、統治権の作用として刑罰権を行使するにあたり、刑罰の種類として死刑を認めるかどうか、いかなる罪質に対して死刑を科するか、またいかなる方法手続をもつて死刑を執行するかを法定している。」

ここで「現代国家」といっているのは、言うまでもなく一九四八年当時のことですね。

團藤　まさにその通りです。

伊東　昭和二三年、つまり日本国憲法が施行された翌年、日本はいまだGHQの占領下にあり、平和条約も結ばれていなかった頃の「現代国家」について本判決は語られています。

團藤　当時は憲法をどう解釈すればいいのか、判例も学説の蓄積もありませんでしたから。

伊東　その当時の時局的な判断すら、二一世紀の今日まで、よく調べずに引きずっている、その誤りの理由まで、この判決文の中に明確に記されています。指摘してみましょう。

「……わが国の最近において、治安維持法、国防保安法、陸軍刑法、海軍刑法、軍機保護法及び戦時犯罪処罰特例法等の廃止による各死刑制の消滅のごときは、その顕著な例証を示すものである。」

この判決の「現代」は、「治安維持法」とその「廃止」が「最近」であった時点の判断で、それを二一世紀の日本に当てはめるのは、私の地元の病院の駆けだし医師が一カ月前の検査結果で投薬を判断するのと同じ、単なるミスに過ぎません。

團藤　なるほど、これは重要な指摘だと思います。

占領下の憲法解釈

伊東　この判例のここからあとの議論は、よく刑法の教科書にも引用されているようですし、先生の『死刑廃止論』にも島保裁判官らの補充意見が引かれていました。

團藤　ええ。この判決文で言うなら、「……したがつて、国家の文化が高度に発達して正義と秩序を基調とする平和的社会が実現し、公共の福祉のために死刑の威嚇による犯罪の防止を必要と感じない時代に達したならば、死刑もまた残虐な刑罰として国民感情により否定されるにちがいない。かかる場合には、憲法第三一条の解釈もおのずから制限されて、死刑は残虐な刑罰として憲法に違反するものとして、排除されることもあろう。」

伊東　この部分は、多くの死刑廃止の議論で取り上げられます。が、むしろ私が強調すべきだと思うのはこのあとですね。「……しかし、今日はまだこのような時期に達したものとはいうことができない」。この今日って、昭和二三年、まだマッカーサーが日本にいたGHQ占領下時代のことです。「されば死刑は憲法の禁ずる残虐な刑罰であるという理由で原判決の違法を主張する弁護人の論旨は採用することができない」…これはアメリカさんから新たに下された憲法というものをどのように読んでゆけばよいか、戦後交渉がいまだ進展中で、極東軍事裁判も結審していない日本にとって、何が有利か不利か全裁判官で必死に考えた、そういう時代の文言ですよね。

團藤　その通りです。私たち法律家は、みんな一生懸命にGHQの思惑を考えました。

伊東　そのことがもう少しあと、井上登裁判官の意見として、この判例にもはっきり書いてあります。それを法律の専門家は、条文と関係ないと思うのか、大半が全く見落としています。「……即ち同条（三六条）は残虐と云う語を、前記狭義に使用して居るので、私は此の使い方が通常だと思ふから右の解釈は字義から云つても相当だと思う」。まだ前年に出されたばかりの憲法の日本語をどう読むか、試行錯誤しているわけですね。この判決文自身、旧かな遣いと新かなが混用誤用されている。そういう時代の模索です。

「反対説は第三一条は第三六条によつて制限せられて居るのだと説く、しかし第三一条を虚心に見ればどうしてもそれは無理なこじつけと外思えない、若し三六条が絶対に死刑を許さぬ趣旨だとすれば之れにより成規の手続によると否とに拘はらず絶対に刑罰によつて人の生命は奪はれ得ないことになるから第三一条に『生命』と云う字を入れる必要はないのみならず却つてこれを入れてはいけない筈である」。

これは、どうしてこの「よく成立理由のわからないアメリカ製の新憲法」の条文に「生命」という言葉が入っているのか、判決文の中で素直に吟味しているわけでしょう?

團藤 そうです。憲法の定まった解釈が存在してませんでしたから。

伊東 「……蓋《けだ》し同条に『生命』の二字が存する限り右の趣旨に反する前記の裏面解釈が出て来るのは当然であり憲法の文句としてこんなまずいことはないからである」

「こんなまずいこと」なんていう、こんな人間的な言葉が、最高裁判決にあるとは知りませんでした。井上さん、もう亡くなったでしょうが、何を考えていたかよくわかりますね。アメリカが出してきたこの憲法の三一条に「生命」の二文字があるのは「日本で死刑を全面的に禁止しないのがGHQの意向だろう、それに逆らうことは現在は残念ながらできない」という時局の推察ですね。逆にGHQの立場に立つなら、当時まさに進行していた極東軍事裁判による戦争犯罪者への死刑判決に日本国憲法が抵触しないように、という配慮以外の何ものでもない。憲法がアメリカの押し付けだと考えるのなら、まずこういう事実経緯を詳細に当たることから始めなければ、科学的な態度とは言えません。

團藤　まったくです。重要な指摘だと思いますね。

煩悶する裁判官

伊東　さらに井上意見は続いています。裁判官自身が、個人としての自分の思うところと、いまGHQから与えられた憲法をどう読めばよいか、という解釈との間で揺れているさまが、このあとの井上裁判官の意見にはもっと露骨に反映されています。

「……以上は形式的理論解釈である、現今我国の社会情勢その他から見て遺憾ながら今直ちに刑法死刑に関する条文を尽《ことごと》く無効化してしまうことが必ずしも適当とは思われぬことその他実質的の理由に付ては他の裁判官の書いた理由中に相当書かれて居ると思う。」

團藤　そうでした。

伊東　「……最後に島裁判官の書いた補充意見には其の背後に『何と云つても死刑はいやなものに相違ない、一日も早くこんなものを必要としない時代が来ればいい』と云つた様な思想乃至感情が多分に支配して居ると私は推察する」。こんな個人的な述懐も最高裁判例にあるとは、全く知りませんでした。つい二、三年前まで大東亜戦争中の大審院で、治安維持法などによってさまざまな死刑を言い渡さざるを得なかった司法の、制度と良心の間の相克が、ここに明確に記されているわけでしょう。

團藤　まったくその通りです。そういう時代を私たちは生きてきました。そしていまの憲法と刑法の制度をGHQとの交渉の中で作り、判例を積み重ねてきたのです。

伊東　井上裁判官はこんな風に言っていますね。「この感情」、死刑なんか必要としない時代が来ればいい、という感情ですね。「この感情に於て私も決して人後に落ちるとは思はない、しかし憲法は絶対に死刑を許さぬ趣旨ではないと云う丈《だ》けで固《もと》より死刑の存置を命じて居るものでないことは勿論だから若し死刑を必要としない、若しくは国民全体の感情が死刑を忍び得ないと云う様な時が来れば国会は進んで死刑の条文を廃止するであろうし又条文は残つて居ても事実上裁判官が死刑を選択しないであろう、今でも誰れも好んで死刑を言渡すものはないのが実状だから」

　このようにして「一人の生命は全地球より重い」という有名な判決の末尾は結ばれていました。いま、言っちゃ何ですが、安っぽい教科書なんかが「この判例は死刑の合憲性を認めたものだ」などと書くのが、いかに薄っぺらいというか、要するに原著論文に当たらない、受験参考書もかくやという要領に堕しているかが、非常に明確にわかります。

團藤　私が当時から一番言いたかったことを、ズバリ明確に言ってくださった。

伊東　いえ、まだまったく浅い理解しかできていません。けれど、誰だって死刑なんか言い渡したくない。これは当たり前でしょう。ＧＨＱの支配が終わり日本の立法府、国会がきちんと自己決定できるようになり、社会情勢が変わったら、こんな死刑なんてものは早々に廃止されるだろうし、仮にそうでなくても、実質的に死刑が執行されなくなる時代がくるだろう、どうか来てほしい。極刑の判決を下す最高裁判事たちは「一人の生命は全地球より重い」で始まり「誰れも好んで死刑を言渡すものはないのが実状だから」で終わる、こんなに深い文学的感動すら覚える判決で、苦々しくも死刑を存置せざるを得ないことを最高裁判例として、確かに残している、それをきちんと読まなければ、これを書いた人も、この判決で死刑に処された人、尊属殺人だそうですが、その人だって、みんな浮かばれないではないですか。

国際世論と死刑廃止

團藤　伊東君、僕があなたにご紹介した法哲学者で、上智大学の名誉教授でもあるヨンパルト神父さん、非常に熱心な廃止論者でしょう。彼とも意見が一致しています。そういう同志がいますから、あなたを含めて。運動を起こさないといけません。

伊東　ええ、ただここで、僕は自分にもできる小さなところから実行するのが大事だと思うんです。僕はあくまで現在は大学にも勤めている音楽家で、本業は作曲や指揮で、政治運動家ではありません。むしろ、科学的な妥当性を万人が理解できる、そういう仕事でお役に立てればと思っています。

じっさい僕自身が「死刑廃止論の人」というのは一部の理想主義者のような人たちだと、つい最近まで誤解していたので、「死刑もやむなし」式の存置論の大半は、なんとなくの感情が先立ったまま、専門知識の欠如で、雰囲気だけ温存されていることはよくわかります。

現実の最高裁での死刑存置の議論が、一九四八年当時、いかに対GHQ的な政治背景などによって日本の判例に書き加えられたか、ちゃんと理解しなければ、かなりおかしなことになります。日本が独立自主の憲法像を二一世紀の国際社会で考えるとき、憲法レベルの死刑禁止が実効的に重要なのだということが、僕自身調べてみて初めて、よくわかりました。知らないだけなんですよね、要するに。

死刑は国の弱さの代名詞、アメリカが死刑を存置しているのは、移民国家としての米国の内国統治の弱みを露骨に示しているわけでしょう。ＥＵが死刑を全廃して、フランスが憲法で死刑を禁止している二一世紀の先進国で、死刑の存置がいかに情けないことか。そしてこういう、死刑を含む法律に関する議論、その整合した全体像が一般市民に全く見えない。法律家も本当の経緯をよく知らない。こんな状況のまま市民「裁判員」が死刑判決も下せるというのは……言葉がないですね。

死刑合憲判決とGHQの思惑

伊東　そんなことを考えたので、さっきの最高裁判例の日付に関して、整理してみました。

1945年8月10日　ポツダム宣言受諾打電
　　8月15日　玉音放送
　　9月2日　降伏文書調印（ミズーリ号）
46年1月19日　極東国際軍事裁判所条例
　　4月29日　戦犯起訴（昭和天皇誕生日に起訴）
　　5月3日　審理開始
　　11月3日　日本国憲法公布
47年5月3日　日本国憲法施行
48年3月12日　死刑合憲の最高裁判決

48年11月4日　極東軍事裁判結審
　　　　　　　12日までに言い渡し
12月23日　A級戦犯への絞首刑執行（皇太子誕生日に処刑）

こう改めてみてみると、憲法や刑法の制度導入とGHQの判断が、天皇制と極めて密接に関係付けられているのが露骨にわかりますね。というか露骨過ぎますね。戦犯の起訴は昭和天皇誕生日、戦犯の処刑は、当時まだ十五歳だった皇太子、いまの明仁天皇の誕生日にわざわざ重ねてやっている。えげつないというか……。

團藤　う〜ん……。

伊東　これを見て思い出したのですが、東大経済学部長をしておられた岩井克人さんが十二年ほど前に憲法改正案のエッセーを書いていて、大変興味を持ちました。岩井さんは憲法九条、戦争放棄の問題を、「天皇の主体性」と関連付けています。

團藤　それはどういう内容のものですか？

伊東　ちょうど湾岸戦争でPKF、平和維持活動に自衛隊を送るかどうかが問題になっていたとき、新憲法と同じ一九四七年に生まれた岩井さんは、それまで「憲法は神聖にして侵すべからざるものだ」と思っていたのだけれども、いろいろ考えて九五年の段階で憲法九条を改正するべきであろうと決意したそうです。内容を簡単に紹介します。

まず、憲法九条を、自らの防衛、国連の指揮下にある平和維持活動、内外の災害救助、の三つの目的に活動を限定した軍隊を保持することを明言した内容に改正する。

さらに、皇室典範を改正して、女性も皇位に就けるようにし、皇位継承資格者は資格を放棄する権利を持ち、天皇自身も自らの意志で退位する権利を持つように改める。皇位継承資格を放棄した人には日本国の市民権をしっかりと与える、人間としての皇族が主体的に皇位を選べるという自由と責任を持たせる、という提案でした。

團藤　そういう趣旨の論文なのですね。

伊東　論文というよりエッセーで、僕はこれを全面的に認めるとか、認めないとか、そういうことではないのです。ただこの岩井さんのご意見はとても面白い点を突いていると思います。憲法の戦争放棄と、皇室典範と、どちらも人間の主体性において選択させ、放棄するものは放棄し、引き受けるものは責任と共に引き受けさせる。自衛隊は、軍隊を人類史の中で発展的に解消してゆく上で、一段解体が進んだものとして積極的に捉えようという意見は一聴以上の価値があると思ったのです。アーム＝武力、アーミーではなくフォース＝力ですね。同時に、天皇という存在も責任をもって主体として個人に引き受けさせて、元首じゃなくて象徴だという、平和憲法が保障した天皇という存在をきちんと位置づけ直すという考え方です。細部には意見の食い違いがありますが、枠組みとしてとてもユニークです。

團藤　これは非常に大きな問題です。将来また機会をあらためて論じることにしましょう。

伊東　天皇制の問題は日本にとってとても大切です。慎重に議論すべきと僕も思います。

憲法三一条を死刑禁止条項に？

伊東　世の中では護憲というとハト派、改憲というとタカ派といった、やや安易な理解が蔓延しがちだと思うのですが、岩井さんの示された観点は、平和推進のための憲法強化という意味で、とても貴重なものだと思います。僕は何が何でも護憲だ、いや改憲だ、といった議論はあまり現実的ではないと思っていて、今の憲法下であればこういう運用、憲法を改めるならこうするのが順番、と二の矢三の矢を番《つが》えておくのが大事だと思うんですね。フランス憲法の死刑禁止など併せて考えると、裁判員制度なども導入した時点で日本国憲法を改正するのであれば、第一にやらねばならないのは、三一条の改正かもしれません。

團藤　確かに、憲法三一条は死刑の存在を排除していないようにも読むことは可能でしょう。でも、だからといって、憲法が死刑を存置しろ、あるいは禁止しろと言っているわけじゃないんです。仮に憲法の条文に、死刑存置を前提とするようにみえる規定があったとしても、それは存置するということを基礎づけるものじゃないと思いますよ。ただ規定があるというだけで、仮に死刑を置くとすれば、別に法律がなきゃならないですね。

伊東　最近できた国民投票法と同じですね。憲法に改憲の規定はあっても、本当に改憲するためには別に法律が必要だという。憲法は政府や公務員や国会議員、あるいは国民の象徴である天皇に対する法規であって、国民を直接縛るものではありませんから。死刑廃止の場合はまず刑法を変えなければならない、という順番になるでしょう。もちろん憲法を変えなくても、決して死刑など行わない運用に改めることが可能です。麻雀の「両面待ち」ではないですが、仮に改憲することになってもならなくても、的確に対処できることが大切だと思います。現行の日本国憲法では、

第三一条　何人も、法律の定める手続によらなければ、その生命若しくは自由を奪はれ、又はその他の刑罰を科せられない。

となっています。ですが、フランス憲法と、日本国憲法第三六条などを併せて、もし条

文の整合性をとろうと考えるなら、

第三一条改正案　何人も、法律の定める手続によらなければ、その身体の自由を奪はれ、又はその他の刑罰を科せられない。死刑は絶対にこれを禁ずる。何人も、その生命を奪はれる刑罰を科せられてはならない。

などと直すのが、適切なのではないかと、僕は思いました。まぁ、アマチュアの書く憲法草案もどきですが、子供のころ、自由民権運動の闘士、植木枝盛の書いた「憲法草案」というのを読まされたことがありまして……。素人が失敗前提で、アイデアをもとに憲法の案文を書いてみるというのも、国民投票法が存在している今のような世の中には、それなりに意味があることかもしれない、と思うことにして、敢えて案文を書いてみました。

團藤　さきほど紹介された判決にもあったように、死刑の廃止は憲法ではなく普通の法律を変えればすむものでもあるし、あるいは裁判官が死刑判決を出さないことでも実現します。占領時につくられた新憲法では、憲法の条文で死刑を廃止するというところまで行かなかったわけですね。アメリカでもね、州によって違うでしょう。だもんだから、当時の占領軍でもそこまで行かなかった。それから占領軍のなかにもいろいろな国がありましたから、そこまで行かなかった。けれども本当は憲法で死刑禁止まで行っていれば、いちばんよかったんです。

伊東　憲法発布当時、GHQは戦犯を裁判にかけている最中で、施行後になってから、わざわざ皇太子誕生日に処刑しました。当時の日本は統治能力の欠如ゆえに死刑を必要とする国として出発した、それは残念ながら偽らざるところでしょう。でも現在の憲法改正の議論は「再軍備」関連に集中しがちで……。

團藤　ええ。死刑廃止の重要性など眼中にないですね。

伊東　これは憲法九条と刑法九条を同時に考えるべきなのだと思います。さらに関連して憲法三一条、三六条など、全体をちゃんと整合して論じなければなりません。大切な国法なのですから。死刑、軍備、すべて人の命を奪うことに関わります。法律の専門家には全体をきちんと議論し、制度も整備してほしいと、強く思いますね。

2. 憲法を超えた命題

グローバル社会の基本ルールとして

伊東　二つの九条というのは、その場の思いつきで言ったのですが、調べてみたら、すでに論じている憲法学者がおられました。

團藤　本当ですか？

伊東　ええ、早稲田大学の水島朝穂さんという憲法学者が、平和憲法の遵守と死刑制度の廃止を二つの九条に絡めて議論していて、とても勉強になりました。日本の法学も、先生のお嘆きになるほどには捨てたものではないと思いますよ。

團藤　そうだといいのですが……。

伊東　軍備と死刑の問題は、どちらも国が国民を殺す、あるいは国民に「殺せ」「死ね」と命じる意味で通底しています。復讐権と自衛権、いずれも人間がもともと持っている自然権ですが、それを個人から取り上げ、国家という怪物、リヴァイアサンが権力として持つことで、万人の万人に対する闘争状態を回避する法治国家ができたはずで、復讐戦争で民心を煽り、先制攻撃も辞さずという現在のアメリカのイラク戦争のようなやり方は大変野蛮だと言わねばなりません。自衛権というのはもっと明確に範囲があるものでしょう。

團藤　正当防衛みたいな戦争ね。

伊東　やられたらやりかえす、をやめることに法の倫理的な基礎があるわけでしょう。目には目をという身体刑をやめるのも、同じことだと思います。復讐の連鎖は、バルカン半島の旧ユーゴの諸民族とか、内戦の続くルワンダのフツ族とツチ族の対立なんかのケースでも、もうどうしようもない。血で血を洗う惨劇の繰り返しにしかならない。それを国が取り上げて、管理しようというのが、法治の本質だと思います。戦争を禁じる日本国憲法の精神に照らして、死刑は成立しない、という観点は成立するのでしょうか?

團藤 論理はそうだけれども、私は死刑廃止は憲法を超えていると思います。まず事柄自体について考えるべきです。事柄自体として、死刑はあっちゃならないのです。

「汝、殺すなかれ」は憲法を超えた命題

伊東 戦争にしても「改憲して堂々と戦争できるようにしよう」と言う人もありますが、先生のご主張は、死刑も戦争も、憲法以前にあっちゃならない、ということですね。組織的な人殺しは、あまねく、これは法律以前にあってはならないと。

團藤 あってはなりませんね。

伊東 そう考えると、日本は憲法で戦争放棄ができているのに、軍備を持つ国家ですら憲法で禁止が標準になっている死刑廃止がまだできていないことになります。

團藤 つまりね、死刑や戦争を放棄するというのは、個別の憲法とは関係ないわけです。

伊東　あ……国によって異なる、各国別の憲法に縛られるレベルの案件ではない、と……。

團藤　そうですそうです。もっと深い人間性に根ざしていますから。だから、それを憲法で改めて謳うことは、ある意味で人間として当たり前、当然のことですけれども、もうそれは改憲という政治の問題としてどうこう、ではなくて、一国の憲法の制度がどうあろうとも、つまり旧憲法時代でさえも、死刑は本来あっちゃいけなかったと思います。いまから考えると。旧憲法時代には、僕はまだ廃止論になっていなかったものだから、残念ながらそういうことを言っていないんですよ。だけど、いま考えてみると当然、その頃から廃止論でなきゃならなかったと思うんです。

伊東　なるほど、欽定憲法下ですでに刑訴法の名著をお持ちの先生が「明治憲法下であっても死刑は許されるべきではなかった」とおっしゃるのですね……。胸のつかえが取れた気がします。「汝、殺すなかれ」は、国によってバラバラな憲法なんかで左右される命題ではない、万人を害する「戦争」の放棄から一人を誅す「死刑」の廃止まで、個別の憲法を超えた絶対的な命題だということですね。憲法史上、初めてフランス憲法が死刑廃止を決めた二〇〇七年に先生からこのお話を伺ったことに、今はっきりと必然を感じました。

第6章

お悩み解決は團藤説で

1. 三島由紀夫は「バカなやつ」

最後の教え子は団塊世代

伊東 先生は一九七四年春にご定年を迎えられ、同じ年に最高裁判事に就任されましたので、大学で最後にお教えを受けた世代は一九五〇年ごろの生まれの学生、つまり団塊の世代が直接の教え子の最終世代ということになりますね。

團藤 そうなりますね。

伊東 いま、その人たちが、大学のトップで重責を担ったり、そろそろ最初の定年を迎えたりしています。逆に言えば、現在大学にいる現役では、一番上の世代以外、團藤先生の直接のご薫陶は受けられていません。私自身、先生に親しくご指導いただくようになってから、三島由紀夫から何から、みんな先生の教え子に当たられるわけで、なんというか、歴史に対する遠近感がずいぶん変わる思いがしました。そこでぜひ、今現在学生である世代、そして社会の現役世代大半の、先生にご指導いただけた下限より若い人たちに向けて、お話をいただければと思うのですが。

團藤　よくわかりました。喜んでお話ししたいと思います。

三島を魅了した團藤刑訴法

伊東　さっそく三島由紀夫のお話から伺いたいと思うのですが、東大法科生だった三島、こと平岡公威《きみたけ》は先生の刑事訴訟法に感銘を受けたそうですね。

團藤　三島はね、バカなやつですよ。

伊東　え？

團藤　バカ、というのは一種の愛情表現ですが、かわいそうなやつですよ。親父さんが、農商務省か何かの役人だったでしょう。なんとかして息子を大蔵省の役人にしたかった。ところが小説を書いてなかなか言うことをきかないで。それで親父さんと対立して。

伊東　平岡梓さんですね。

團藤　三島はわりに気の弱いやつでね。親父にそう言われると反抗できなくて、大蔵省に入ったけど、結局小説家になったと、お母さんから直接伺いました。

伊東　初めて学生としての平岡公威を認識されたのは勤労奉仕先ということですね？

團藤　ええ、静岡県の瀬戸谷村で農耕作業をしていたときですね。軍が学生の手紙を検閲するっていうんです。来るのも出すのもね。で、われわれ監督教官が責任もって見るから軍の検閲はやめるように、と交渉して、私自身も学生の手紙を見るようになったのです。学生たちはみな、いろんなこと書いてましたけど、戦争に関することを書くとひっかかりますから、きょうはお腹空いて困るとか、そんなことばかり書いてる。そのなかで一人、佐藤春夫[*46]なんかを相手に盛んに文通する若者がいてね。また文章もいいんですよ。食事のときは学生と一緒になりますでしょう。そこでこの学生が平岡公威だとわかったんです。

戦後のずっと後になってから、平岡の方から私に近づいて来ました。東大法学部の同窓会である緑会の大会があって、学生の委員が平岡のところに、有名な大先輩だから文章書いてくれって頼んだそうです。平岡はそれを受けてプログラムの一面に文章を書いた。「法律と文学」という題でそれが面白いことに、全部僕のことを書いてるんですよ、徹底的に。

「自分が興味を持ったのは團藤助教授の刑事訴訟法の講義だった、徹底した論理構成に魅惑された、もっとも嫌いなのは例えば行政法のような非論理的な学科だった、自分の文学や小説や戯曲は刑事訴訟法をお手本に書いた」とね……。

でも最後は、自殺しちゃったでしょ。亡くなった後、僕が最高裁にいたころに、三島のお母さんがやってきてね、「公威も、気の毒な人間でございました」とおっしゃる。どういうことかと伺ったらね、親父さんが官僚主義で大蔵省の役人にしたくてしょうがなかった。成績もずば抜けていいし、もし官僚になれば次官まで行ったかもしれないのに、文筆ばかりに凝って、親父とすっかり対立してね。会うたんびにけんかになっちゃって。最後まで親父と意見が対立して気の毒だったと。ご母堂が言っておられましたね。

伊東　三島の小説はお読みになりますか。

團藤　あまり読んでいません。でも全集は持っていますよ。「法律と文学」も載ってます。

伊東　裁判官が出てくる小説もありますよ。『豊饒の海』第二巻の『奔馬』という小説で、主人公の裁判官がもう一人の主役である少年にあてて書いた手紙の中に、おもしろいくだりがあるんです。ちょっと読んでみましょう。

……人間の変貌の奇蹟を、一旦こうして目のあたりにした以上、私自身も多少変らざるをえませんでした。自分を確乎たる人間と信ずる私の素朴な確信は、不安にさらされて自らわざとらしいものになり、確信であったものが意志に変り、自然であったものが当為に変りました。尤《もっと》も、このことは裁判官という私の職業に或る利得をもたらしました。犯人を扱う場合に、いわゆる応報主義と教育主義、人間性に関する悲観論と楽観論の、どちらにも偏ることなく、或る状況における人間の変貌の可能性を信ずることができたからです。

團藤　これは僕の理論ですねえ。気が付かなかった。

伊東　私も最近読み直して驚きました。まさに主体性理論だと思ったわけです。

犬に食われた名答案

團藤　三島の小説には他にも僕の理論が出てきますよ。『仮面の告白』。あれは僕の刑事訴訟法理論を文学化したものです。三島は僕の考え方をいちばんよく理解した学生の一人でした。その年度に教えた刑事訴訟法のいい答案が三通だけあった、その中の一つが平岡のものだったのだけれど、犬に食われちゃってねえ。

伊東　イヌ、ですか？

團藤　書斎に置いておいたら、犬が入ってきてねえ、二階のバルコニーで飼っていたんですが、僕がトイレかなにかに立った隙に入ってきて、僕がいなくて寂しがって、置いてあった答案をみんなかじっちゃった。僕がページを繰っていたから、匂いが移ったんでしょうねえ。全部かみ砕かれちゃった。

伊東　犬に食われた答案ですか。僕などは犬も食わないような答案ばかり採点しています。

團藤　犬もかわいそうでしたよ。

伊東　その犬はなんという名前だったんですか？

團藤　カピです。エクトール・マーローの『家なき子』に出てきた忠犬の名前でね。書斎にカピが入ってきて、さんざんに食い散らかして。三通だけその年度でずば抜けてできのいい答案だったのですが。書き込んだあと横に置いておいたところが立った隙に……。

伊東　先生は三島の中に團藤法学を発見されて、どのように思われましたか？

團藤　……かわいそうでしたね。彼は僕の刑訴法ばかり勉強して、刑法を聴かなかった。『仮面の告白』は、刑訴法理論を彼なりに文学的に表現したものです。そこから形式美の世界にいってしまった。もし彼が実体法の刑法理論を勉強して、政治や社会の問題にも本格的に取り組んでいたら、ああいう最期にならなかったと思います。

伊東　三島は生前、自分が奉じているのは「楠公精神」、楠木正成に通じる「幻の南朝天皇制崇拝」だと言っていますね。現実の皇室でなく理想化された後醍醐天皇の南朝を奉じる平泉澄の論と同じものです。いま先生がおっしゃった形式美にも通じる気がします。

2. 飛び級の少年時代

チョウやトンボに夢中

伊東　三島の思い出から遡って、先生の少年時代のお話、ご志望やあるいは同級生の子たちはどんなことを考えていたかなど、少しお伺いできますか？

團藤　小学校の頃はチョウやトンボを捕ることばっかりで、何も考えなかったですね、文字通り。毎日学校へ行ったって教科書は毎学年の初めに全部読んじゃってね、もう何も聞くことないんですよ。だから教室に行ったってしようがない。先生もそれをわかっているから、僕はずっと遊んでいて。学校へは行くんですけど、校庭で飛び回ってばかりいた。さすがにそれじゃしようがないから五年が終わったとき飛び級して中学へ入ったわけです。それで少し良くなったですね。その飛び級も否応なしにさせられたんですよ。なんだかずいぶん特別に勉強などしたように思う人がいるけど、そうじゃないんですね。

伊東　大正中期のことですよね。今の受験競争などのない牧歌的な時代がしのばれます。

團藤　中学から高等学校へ入るときも四年から入ったんですけど、これも別にちょっとも特別じゃなくて、これは例が多いですよ。小学校から中学のときはあんまり例がないんで、新聞にも大きく顔写真入りで記事になってしまいましたが、別に準備などは何にもしてないです。ただ自然に上へ上がっただけで、みんなが珍しがって記事にしただけ。僕自身は特別な考えは何もないんです。だけど、それまで何もすることがなかったのが、中学に入って、そろそろ学科もいろいろやらなきゃならなくなって、勉強に弾みがつきましたね。

一人だけ呼び捨てでなかった

團藤　高等学校へ入ったのも飛び級でしょう。だからみんなと二年違う。そうすると、みんな青髭を生やした連中のなかでこっちはまだ子供ですからね、声変わりしたかどうかだった。だから皆と感じが違うんですよ。生活がどうしても食い違うことが多かった。けれどまあ勉強ができることはできましたから、みんな尊敬してくれて僕だけ小学校、中学校、高等学校までずうっと「君」づけで、呼び捨てにする人がいなかった。

伊東　ある意味では浮き上がった存在だったのかもしれませんね。

團藤　ええ、それが高等学校で二年のときに剣道部に入って、そのときから仲間はみんな呼び捨て、それからはお互いに呼び捨てになった。これは良かったですよ。

伊東　それは何よりです。本当の友達づきあいができるようになったのですね。

團藤　それまではちょっとみんなとの間に何かはさまっているようなところがあってね、本当に自分のペースではなしに。良くないですね、そういうのは。

伊東　私も周囲と年の差があることが多く、類似の齟齬《そご》を経験したことがあります。

團藤　高校二年の頃には、もうそういうことはぜんぜんないから、非常に自然な生活ができて。旧制高校の運動部というのは特別ですからね。夏は京都へ合宿に行ったり、友達とも非常に仲良くなったですよ。

伊東　先生は進学に関しては東大の法科以外に選択肢はなかったと想像するのですが……。

團藤　これも自然にそうなってしまったんですね。ちょっとも意識的ではないです。特に何もできない者が法学部に進むことになってたんです。特別な才能があったり、目的を持ってたりする人は、文学部とか理学部とかに入りますけれど、何も特別な才のないのはもう自然に法学部だった。自動機械みたいに、コンベアみたいに上がっていく。

伊東　万能の秀才だった團藤先生はもちろん別ですが、今でも法学部は往々にして、自分にはこれしかないというのではなく、なんでも一通りはできるけど志望を絞りきれない学生が多いですね。毎年、東大法学部（教養学部文科一類）の新入生にアンケートを取ると、法律には興味も関心も持っていない学生が大半です。

團藤 ええ、私たちのころも、本当にコンベア生活でしたね（笑）。

3. 星空と原書濫読

天下国家を考えて法学部へ

伊東 ちなみに首席で大学に残るような人は別にして、多くの法学部生の進路は、当時ですと役人志望が大半でしたか……。

團藤 大体役人ですね。そうでなければ、大きな会社ですね。

伊東 あとは法曹がありますね。でも、ほとんどが役人になるというのは、どういう動機がいちばん大きかったのでしょう。やっぱり「国の偉い人になる」ということでしょうか。

團藤 うん……、何でしょうね？

伊東 立身出世……？

團藤 それは、そう思う人が多いようだけど、そんなこと考えていませんでした。ただ、みんな天下国家を考えてはいましたね。

伊東　天下国家、ですか。

團藤　ええ。天下国家。

伊東　いまの学生と大いに違いますね。

團藤　自分のことだけを考えない。それから、兄弟とか身内のことだけ考えるとか、そういうことはしないんです。それはもう天下国家のことですね。日本のこと、世界のこと、各国の国際的な関係とかです。それはもう、初めからそれだけ考えていました。

星空を眺めて悲観のどん底へ

伊東　小学校時代はチョウやトンボを捕っていらっしゃった。その飛び回っていらっしゃった時期と、天下国家を考える高校大学生時代のギャップがとても大きいのですが、天下国家はどこから始まったのでしょう?　いつのまにか天下国家になったんですか。

團藤　いや、自然に、ですね。

伊東　みんな先輩もそういう話をしていた、というような状況ですか?

團藤　それもあるけれど、僕は自然が好きだからね、夜になると天体を見るんですよ。岡山あたりは田舎ですからね、空が大きくて、だから星なんかもキラキラしてね。

そうするとまず「地球っていうのも、あの星の一つじゃないか」って考えるようになってね。しかも自分はその地球の上の一点にもあたらないような、何億という人のなかの一人でしょう。そうすると、何億という天体のなかの一つであるところの、地球という星の上にいる、バイ菌にもあたらないような小さい人間に過ぎないじゃないかと思ってね。もうすっかり悲観のどん底に落ちちゃって、神経衰弱になっちゃった。

伊東　思春期の悩みですね。自我が矮小化して感ぜられる……。

團藤　ところが親父は苦学した人間ですからね、そういうふうな青年らしい悩みを持ったことがないんです。お金で苦労ばっかりしたから。だから「なんだ、ばかやろう」って怒られてね。「そんなくだらないことでくよくよする奴があるか」ってさんざん叱られました。でも、いくら叱られても、そういう悩みが解決するわけではないですからね。禅坊主か何かだったら、きっともう少しいいこと言ってくれたと思うけれど、うちの親父はただ「ばかなやつだ」って。そう言われたって悟りを開くわけにいかないから。ただ毎日「宇宙の中で地球はいかに小さいものか」とか「その地球の中でも人間はバイ菌一つにもあたらないようなもんだ」とか考えて悩んでいました。無限大と自分ということを考えて、それで神経衰弱になっちゃったわけ。

大学に入ったのは神経衰弱を治すのにちょうど良かったです。勉強をそんなにしたわけではなかったけれど。大学に入ってからですよ、勉強を本当に一生懸命するようになったのは。まずドイツ語の法律書、ずいぶんいろいろ読みました。教科書じゃなくて、例えばイェーリングなんかよく読んだですね。一九世紀の古典。これが面白くて、何冊も何冊も。

幕末の志士たちにのめりこむ

伊東　イェーリングは『権利のための闘争』ですね？　でも、星空を眺めていたのが、いきなり「天下国家」になった契機がまだよくわかりません。

團藤　……それはわかりませんけれど……ただね、自分でも日常がつまんないと思っていたんです。お星さまばっかり見ていても、ちょっとも慰めにならない、別に何もプラスにならないでしょ。そんなとき、自分のような小さな存在でも天下国家のために何かプラスになりたいという気持ちが非常に強くなってきてね。

伊東　ははぁ……少しイメージが持てそうです。

團藤　そういう気持ちが強くなってきて、それでとにかく法学部に入って。でも法学部に入っても講義がつまらないんですよ。いい講義は、牧野先生とか美濃部先生とか、名講義がたくさんあって、それは一生懸命聞きました。だけど、宇宙の中のバイ菌にも満たない自分という存在の悩みを解決してくださる先生は一人もいなかったですね。

伊東　私自身も大学一年次にこういう問題を考えて、そのときは大学二年次に社会学の見田宗介先生に決定的な示唆を頂いて、ずいぶん救われました。ちなみに同じ頃に同じような問題意識で「オウム神仙の会」と出会ってしまったのが、同級生の豊田亨君だったわけです。時代が変わっても、青年の心理には完全に通底するものがあると思います。

團藤　僕の場合は、大学二年生になると、小野清一郎先生の刑事訴訟の講義があってね。これ、仏教ですから、悩み事を考えるのにちょっといいようだけども、小野先生の仏教は浄土真宗ですからね。浄土真宗ってこのころ実は私、嫌いでね。親鸞上人は良いのですが、他力本願だけでは向上心がないでしょう。自力本願で上へ向かっていくのではないというのがね。だからそういう意味じゃ禅宗のほうがいい。浄土系の仏教は、浄土宗にしても真宗にしても、くだらないと思っていました。

伊東　若い人にありがちな発想ですね。

團藤　だから、やはり大学の研究室では、宗教のものはやめたのです。でも、古いものはずいぶん読みましたよ。その頃、真っ先に読んでいたのは江戸時代の志士たちね。志士たちのが面白くてね、吉田松陰だとか熊沢蕃山だとか。

伊東 なるほど、そういう風に繋がるのですか、陽明学に。

團藤 それから中江藤樹。中江藤樹は熊沢蕃山の先生ですね。中江藤樹以降のそういう江戸時代の古い思想は一生懸命勉強しましたね。

4. 一生懸命やれば悩みは忘れる

地上でやるべき大きな任務

伊東 だんだん天下国家に近づいてきた感じがします。先生が悩みを解決とさっきおっしゃいましたが、江戸時代の志士たちに、悩み解決のヒントがあったわけですか。

團藤 ええ、ヒントがありましたね。

伊東 非常に単純化していうと……。

團藤 それはね、一生懸命やればね、ひとりでに星のことなんか忘れるってことですよ。いちばんだめなやり方だけどもね。忘れるという形で克服したようなもんです。星を眺めて小さな自分、とかなんとか、もうそれどころじゃない。人間の世界に、天下国家がある。その天下国家を考えてみるとね、星のことなんか考える以前に、我々が地上でしなきゃならない大きな任務が、たくさん待っているわけです。まずそっちのほうに取り組まないとね。「星はその次でいい」って（笑）。

伊東　なるほどね（笑）。

團藤　それでいつの間にか星のことを忘れてね。だいたい星のことをやるには天文学を専攻しなきゃだめだし、もし天文学をやったって僕の悩みには何もつながらないし。

伊東　「若き團藤ヴェルテルの悩み」ですね（笑）。

團藤　ハハハ（笑）。僕はゲーテ、とくに「ファウスト」が好きだからね。まあ、天体のことを知っても、それは別に世の中の大衆を救済するのに役に立たないでしょう。実は役立つかもしれないけど、それは僕が考えている形での役には立たない。そうすると結局、やはり法律以外にないだろうというので法律をやることにしたわけです。

伊東　法学界はこの経緯に感謝すべきですね。

面白かった刑法講義

團藤　法律では、牧野先生の刑法というのを一年のときに聴いて、これが面白い講義でしたね。名講義で、自然法の思想と、それから技術的な考え方を取る目的思想と、この両方を嚙み合わせていく。それが牧野先生のお考えで、結局、進化論なんですね。

伊東 社会の中に目的性を導入して進化を論じるスペンサー的な観点ですね。

團藤 そう、進化論の形で、ここでは法律を先へ進めていくんだというわけです。こうなってくるとね、他の理論以上に世の中のためになりそうでしょ。だから、牧野先生の講義がいちばん面白かったですね。

美濃部先生はいいんだけどね、非常に論理的で。前にも言ったけれど、お講義がそのまま講義案になるんです。だから頭のいい方ということは印象に非常に強く残っているんです。天皇機関説、これはもう論理的で非常にわかりやすいわけですが、でもね、実は学生からいうとね、何の変哲もないんです。面白くもなんともない。

伊東 ははぁなるほど。そういうご感想だったんですか。名講義必ずしも面白からずと。

團藤 「なんて論理的なことをおっしゃる方だろう」と思ってね。だけど、美濃部先生の偉さがだんだん身に沁みてわかってきたのは、先生が貴族院に入られて、それから蓑田胸喜あたりが先生を追い出すためにずいぶんいろいろな策動をして、とうとう先生、貴族院を辞職されましたね。でも美濃部先生は絶対に一歩も下がらなかった。(凶漢に襲われて怪我されたこともあります。そういうときも絶対に引かれなかった。決して学説を曲げられなかった。偉い方でしたよ。だけど、理論はもう非常に論理的で。国家法人説は、国家というものは法人だ。だからそのいちばん上の機関は天皇、これがいちばん上で、その下にずうっといろんな機関があって、それが法律になっているというだけの非常に論理的なお考えで。だから実は面白くなかったんです。それに比べて、牧野先生の講義は大変面白かったですよね。社会が進化するっていう進化論の立場でね。今はもう社会に通用しないでしょうけど、その頃はそういう先頭を切っていましたから。

伊東　目に浮かぶようです。

團藤　新しい刑法のきっかけを作ったロンブローゾも非常にはっきりした進化論者、ダーウィン的な自然法則を考える人で、だから人間に決定論を持ち込むことになったわけです。

哲学的深みに魅せられ刑法学者に

伊東　美濃部先生と牧野先生を比べて、憲法学者になるよりは刑法学者になったほうが自分のやりたいことに近いと思われたわけですか。

團藤　そういうふうには考えなかったですね。

伊東　具体的にはどのように？

團藤　憲法ももちろん非常に大事。だけど刑法に進んだのは、刑法が一番哲学的でしょう。正義があり刑罰があるのですから。ほかのものより理論的で、哲学的で、自分の気持ちに合っていた。牧野先生のヒューマニズムにも惹かれたし、小野先生の仏教の考え方も魅力的だったし、学問の深みを感じましたね。

　もちろん、他の科目も好きでした。民法などはほんとに好きで、学部二年の夏休みに我妻栄先生のお部屋へ伺って、なにか休暇中に勉強したいのでテーマをくださいと申し上げたのです。そうしたら先生はドイツから届いたばかりの「社会法雑誌」の経済法の論文を読んでみたまえとおっしゃった。じきに読んで、面白いので関連のドイツ語文献を片端から読んで、二百枚の論文にまとめて提出したら先生がよく勉強したとほめてくださいました。その意味では民法でもよかったのですが、刑事法の論理性、哲学性に惹かれたんです。

伊東　旧制中学、高校時代の星を眺めるお話で少し思ったのですが、いまでもその年代の若い子らは、自分に自信がなくなって「引きこもり」になってしまったりします。七十五年ほども前、先生も多感な時期に、星を見ながらお悩みになった。でも、悩むにしろ克服するにしろ、直面する状況をご自身で把握する力が、とても良質だと思いました。

自分に自信がない子は、現在も幾らでもいますが、いまはゲームやインターネット、アニメとか、いろいろ耽溺できるものがありすぎる。もっと言えば産業がそれを市場にしている現実があります。僕はなにも漫画やアニメが悪いなんていうつもりはぜんぜんないのですが、主体的判断の喪失はいけません。

團藤　その通りですねぇ。

伊東　それから旧制中学、高校の時期に自然がお好きだったというのも大切なご経験だと思いました。トンボだってチョウだって、捕らえておけば死んでしまうかもしれない。そこでおのずから、生命に限りがあることを学びますよね。いま、ファミコンで遊ぶ子供たちはゲーム機の中で「敵」をたくさん殺しますが、遊具を「リセット」すれば、またいくらでも「敵」は同じように湧いてくる。そのあたりの区別すらつかないで、級友を殺害してしまった小学生のケースすらあるわけで、まったく冗談になっていません。

オウム真理教に洗脳されてサリンを撒いてしまった豊田君も、自分の有限の生命とか死のことを十代から思い悩んだけれど、やはり大学では何一つ、本質的な答えを見出すことができなかった。彼は幕末の志士ではなく新興宗教の論理体系に絡め取られてしまいました。頭脳明晰な若者に、精神の微小栄養素のようなものが決定的に欠けていた。今の世の中では誰でもそういう隘路《あいろ》に陥る危険性があると思います。私は大学には教育の欠落に対して結果責任があると思います。だからそれを補う講義を心がけています。

5. 反骨精神のすすめ

不満を持つ子が伸びる

伊東　ところでさっきイェーリングとおっしゃいました。原書でお読みになったと……。

團藤　ええ、読みいいからですよ。

伊東　『権利のための闘争』ですね。

團藤　それに、『法における目的』。

伊東　『権利のための闘争』も言ってみれば、反逆の思想ですよね。それから幕末の志士たちも、尊王攘夷であれ、あるいは佐幕であれ、基本的に反体制の思想です。

去年の夏、法学部の学生たちを伴って軽井沢の別荘をお訪ねしたとき、先生は「若い人は学問に対して、反骨の精神で取り組んでほしい」とおっしゃって、学生たちは仰天していました。東大名誉教授、元最高裁判事、文化勲章、勲一等旭日大綬章の團藤先生だと思って来ているわけですが、「常に常識を疑え」と、いわば反逆の思想を持てと先生はおっしゃいました。

團藤　ええ、反骨精神はなきゃだめですよ。だってね、総理なんかでもね、吉田さんなどはずいぶん反骨精神を持ってますよね。第一級の人は必ず反骨精神を持っている。反骨精神のない人、政治家はだめですよ。最近の総理は反骨精神のない人が多いですね。

伊東　先生ご自身は反骨を意識なさったのはいつごろからですか。

團藤　昔からですよ。子供のころからでしょうね。反骨なんて言葉は知らなかったけど。第一、いろいろと子供のときに不満を持つでしょ。それは反骨精神を持ってるということですよ。不満を持たない子供はだめです。かわいいけど、いい大人になりませんね。

伊東　ところが、文句を言わない、上の人の言うことをハイハイとよく聞くのがいい子、いい人とされて、かわいがられて出世しますよね。不平不満を言う人は嫌われます。

團藤　いや、僕もいい子でしたよ。必ず親や先生の言うことを聞きましたし。こころならずも常に体制の側にありましたし。だけどね、内心では「なにを言うか」って、ずっと思っていましたよ。特に父が厳しかったからね、お父さんに対してはいつも反抗心は持っていた。表面的には従いながら、何がおかしいのか、常に考えるようにしていました。

伊東　なるほど確かに、ただ逆らっているばかりではダメですね。腹に収めて対案を練る。虎穴に入らずんば虎子を得ずみたいです。仮に一身は組織に属しても、魂は決して組織の内在論理に売らない。出世に目が眩《くら》んでやましいことをしたりは絶対にしない。こうでなければいけませんね。私も身は官学に置いていますが、組織の退廃とは一線を画したいです。でも、そうすると、この反骨精神と「天下国家」の接点は……?

團藤　それは陽明学でしょう。僕の根本は陽明学です。陽明学は反体制の思想ですから。

伊東　「陽明学は反体制の思想」と、先生ご自身、断言なさるわけですね?

團藤　ええ、体制のなかに埋没しないで現実を直視する、ここが陽明学の大切なところです。

伊東　それは現代の企業人なんかにも、十分に当てはまりますね。

團藤　まったくその通りです。

第7章

革命のコツ・團藤陽明学

1. 陽明学を生きた父

薬研を挽いた父

伊東 先生を陽明学にお導きになったのは、環境もさりながら、まず第一にはお父様だったと拝察します。そこで、先生のお父様、團藤安夫氏のお話から伺いたいのですが、検事でいらっしゃったのが、時の平沼騏一郎検事総長の方針に反発して下野されたという、まさに陽明学を地で行かれた人生と思います。どういう生い立ちでいらしたのですか？

團藤 親父はね、小さいときに両親を亡くしちゃったんですよ。

伊東 明治初年のことですね。

團藤 二つか三つぐらいのときにもう亡くしちゃった。だから両親の顔を覚えていないんです。あとは姉が一人、私から見れば伯母ですね。四つぐらい上の姉がいて、どっか別のところに預けられていた。父もどっかに預けられていたんですけど、別に何もすることがなくて、ただ乱暴者で、みんなと暴れ回っていたらしい。ところがそのうち、家が高梁《たかはし》川のほとりにあったのが、洪水で流されちゃって、全部何もかもなくなっちゃった。

伊東　すさまじい話ですね。

團藤　しようがないから親父は一人で大阪へ出てきたわけです。大阪では、初めは何も指導してくれる人もいませんから、その頃、医者でわりあいに偉い人がいたらしいんで、医者になるのが早道だと思ったらしい。指導者もいなくて、薬研《やげん》を買ってきてゴリゴリゴリやって、漢方の薬を作ることを一生懸命学ぼうとしたらしいです。

でも、じきに「こんなことをして何になるんだ?」と思ったらしい。それで大阪ではだめだから東京へ上ろうということになったんですね。それで東京へ、まあ汽車で行ったんでしょう。ところが東京では泊まるところがないですから、鎌倉のお寺の僧坊の一隅に泊まらせてもらって、そこで法律の「講義案」を買ってきて勉強したわけです。

医者になるのは諦めて判事になろうと思った。ところが当時は「判検事登用試験」というのに通らなきゃいけない。その試験に通るには、どこかの大学に入らないといけないっていうので、籍だけは日本大学に置いた。でも鎌倉から通うことはできませんから籍だけで、あとは自分で独学したというんです。いまでも何か古い法律の書物が残ってますよ、こんな仮綴のね、それはそれはさんざん勉強したらしいね。

伊東　なるほど。大変なご苦労をされたのですね。

團藤　一生懸命やって、司法試験は結局、ちょうど牧野先生と同じ年に通っています。その年の合格者の名前を見ると、牧野英一と團藤安夫と両方とも出てくるんですよ。でも同年といっても向こうは東大出て一番の理想的なコース、こちらはもう一番ダメな……。

伊東　いいえ、そんなことはありませんよ。

團藤　それでもまあ、とにかく司法試験には通ってね、でもそういうことですから他に何もできない。まず検事になってしばらくしてから判事になった。でも判検事では結局どうしようもならないということになって、郷里の岡山で弁護士を始めたわけです。僕が生まれる前、親父は検事だったんですが、子供を育てるためにはどこかに定住したほうがよい。でも検事は転任しますからね、故郷《くに》に帰ってそこで家を作らんといけない。それで結婚して僕が生まれたところで岡山に帰ってきた。そこで僕は成人したわけです。

伊東　お父様としては放浪の果ての帰還なわけですね。

蕃山町で育つ

團藤　僕は小さいときのことはよく覚えていないんですが、初めは東中山下、それから後で西中山下というところに住んでいたのです。「山下」と書いて「サンゲ」と読むんですね。西中山下の一丁目というところで、そこは熊沢蕃山が住んでいたところなんです。

伊東　先生の自叙伝『わが心の旅路』でもそのように拝読しました。

團藤　それで、父の借りていた借家が熊沢蕃山のいたその場所でね、ちょうど周りも蕃山町だし、蕃山先生が住んでいたその屋敷跡に家があったんですよ、借家ですけどね。そこから三、四分のところに僕の小学校がありました。小学校は立派な冠木門《かぶき》でしたね。その突き当たりに池があって、周りに欄干を付けた石の手摺りがありました。それから正面の池を横切るように石の橋が架かっていました。

その正面に熊沢蕃山が講義していた講堂がありました。古い講堂というのでわれわれは「旧講堂」と言っていましたね。湯島の聖堂、あれを小型にしたようなもので、全く同じ様式です。白壁で、周りに火灯窓が切ってあって、それに黒い縁がありました。講堂の手前には池があって、池に影を落としている。池の周りには石の手摺りがずうっとあって、真ん中に石の橋が架けられている。橋にも手摺りがあって、手摺りのところに唐金でつくった擬宝珠《ぎぼし》が立っていてね。本当に古風でしたね。

そんな具合で、熊沢蕃山と縁故のあるところでした。蕃山というのは陽明学でしょう。だから陽明学というものに、僕は子供のときから何となく繋がるものを持ってたんですよ。

捜査方針に反発して検事を辞職

伊東　なんでもお父様が検事を退かれるときに、平沼騏一郎に反発して……。

團藤　ええ、当時は平沼騏一郎が検事総長でした。

伊東　それは平沼氏の捜査指導方針が良くなかったということですか。

團藤　そのようですね。

伊東　具体的にはどのようなことだったかお伺いしてよろしいでしょうか。疑獄の捜査に政治的な手心を加えたとかなんとか……。

團藤　それがね、親父からは直接その話は聞いてないんですよ。その種のことがあったということは、父の亡くなったあとに、その頃家にいた書生を通じて聞いたことで、本当にどうだったか、あんまりはっきりしません。

伊東　なるほど。

團藤　ただ、とにかく親父が正義感の強い人ですからね、「平沼がこう言ったけれど、それに従わなきゃならないということでは、自分の職責を果たせない」というんで、それで辞めたわけです、検事をね。山口の検事をしておりましたが。

伊東　大正初期のことですね。

團藤　ええ、大正になって。僕が生まれた年ですから大正二年（一九一三）です。

伊東　これは、作家の宮崎学さんから聞いたことなんですが、平沼検事総長はいわゆる「大逆事件」を担当していて、というかほとんど事件を捏造するようなこともしたらしく、例えば「こいつらが悪いんだ」という決め付け、和歌山の新宮では新平民として差別されていた無実の人を悪いものに仕立てて処刑したりしたらしいですね。

團藤　そういうこともあったのですか……。

伊東　司法官僚としての平沼騏一郎は東大法学部を出て……。

團藤　ええ、そうです。

伊東　そしてドイツに学んで、要するにプロイセン型なんでしょう、「こういう国をつくらなきゃいけない」という思い描いたシナリオがあって、なんでも無理やり押し込んだ。

團藤　彼は政治家ですからね。

伊東　後々国家主義政党をつくりますよね。で、政権首班にもなりますが、かなり強引な政治をしているわけですね。

團藤　そうらしいですね。

伊東　ですから先生のお父様も、言ってみれば非常に陽明学的な、反骨精神旺盛な……。

團藤　そうでしょう、ええ。

伊東　いわば陽明学を生きた方なんじゃないかと。

團藤　実際には親父とそういう話、したことないんですよ。でもたぶん陽明学でしょうね。やはり高梁出身の陽明学者、山田方谷[*47]先生が大きな力を持っていました。

伊東　先生のお父様のお名前「安夫」の安の字は方谷先生のお名前の安五郎から一字頂いたとか……。

團藤　でも親父からは山田方谷の話もあんまり聞かなかったです。方谷のことは、三代の孫に当たる山田回という方から聞きました。『方谷全集』の巻頭に署名もしてくださって。

伊東　さっき、お父様が「薬研を挽《ひ》かれた」というお話がありましたが……。

團藤　ええ。

伊東　そういう表現をされたのは、どなたが……？

團藤　親父が私に話しただけですね。

伊東　お父さんが息子さんにそう話されたんでしょう？　その気持ち、とてもよくわかる気がします。あの……幕末の陽明学の士は、多くの場合、蘭学を学んでますよね。

團藤　そうですね。

伊東　松陰も海外密航を企てたのでしたよね？

團藤　そうですよ。

伊東　先生のお父様は、大阪の適々斎塾《てきてきさいじゅく》*48みたいなところで、まさに福沢諭吉が緒方洪庵*49に学んだようなこともトライされてから、最終的に法律家になられた。大村益次郎*50こと村田蔵六が医師からスタートして近代兵法に行くように、いまでいえば理科系のこともなさったわけですね。医学も志され、そういう合理的な観点をお持ちになってから法曹に進まれたから、法律や条文が文字面だけで止まっていない。その核心には「知行合一」を言う陽明学精神があると思うんです。それを息子さんに、自然な形でお伝えになっているように伺いました。いいお話だなぁ、と思います。

2. 熊沢蕃山と陽明学への傾倒

主体性理論につながる陽明学

團藤　小学校のときはそういうことでね、自分の住んでいた家が熊沢蕃山のいた屋敷跡でもあったから、陽明学になんとなく惹かれるようになりました。一口に儒教と言っても、特に朱子学のほうは細かい字句の訓詁学ですからね、返り点をどうするとかなんとか、読み方ばっかりやっている。もっと精神的なものを見なきゃいけないというので、陽明学のものをいろいろ読みましたね。

伊東　文字面に拘泥するのは下らない。いまの法学生にも強調したい言葉ですね。

團藤　ああ、本当です。それで大学に入る前から、なんとなく陽明学のほうに惹かれてね。朱子学じゃつまんない。陽明学はいい、ということでね。

それが現在の私の主体性理論につながってきているんです。よく知らない人は主体性理論がドイツの刑法学者メッガーから来ているようなことを言いますが、それはもう後になって、理論の細かいところを西洋流に修飾するときに使っただけで、根本は生まれたときからのものに立脚しているわけです。

伊東　ここで思ったのですが、先生の主体性理論は「ポストモダン」と軌を一にする刑法思想でもあると、しばらく前に申し上げたわけですが。

團藤　そんなこと言われたことないから、びっくりしました。

伊東　あそこでお話に出たロラン・バルトは、しばらく日本に滞在しているんですね。

團藤　それはぜんぜん知りませんでした。

伊東　滞在記が『表徴の帝国』（宗左近訳）として出版されていて、今日お持ちしました。

團藤　これはどうも、ありがとう……面白そうだねぇ。

伊東　前回このお話が出たときには、何か「進んだフランス」と「遅れた日本」みたいなニュアンスになってしまったのですが、必ずしもそういうことが言いたいわけではないので、これをお持ちしました。むしろバルトは、まるで書物を読むように、日本の国やその都市、文化、風物なんかを記号論的に「読解」しようとするんですね。相撲とか神社とかいろんなものに興味津々です。むしろ日本に古くからあったものに、西欧の因習的な思考から自由な要素を発見して、それでポストモダン「近代以後」の思想に大きく弾みをつけているのです。そんなことを考えながら「近代以前」の日本と思われがちな「陽明学」を見直すことは、実はとても新鮮なことではないかと思うようになりました。

西周を感服させた山田方谷

團藤　僕の陽明学は、熊沢蕃山と、時代が下って、僕は故郷がいまの高梁、昔でいう備中松山と言うんですが、幕末の松山藩の中心にいた山田方谷先生なんです。これは方谷村という村があって、そこの出身だからそのまま号にしたんですね。

伊東　全集を書斎で拝見しました。ずいぶん古いご本ですね。

團藤　ええ、全部漢文です。素晴らしい書物で、大変な学者ですね。幕府の蕃学取調所という、西洋の学問を研究する研究所ができたでしょう。たぶんいまの九段あたりにあったんだと思うんですがね、そこに勤めていた*51西周《にしあまね》が一度高梁へやってきて、方谷先生のところを訪ねた。西は幕府からヨーロッパに派遣されてオランダを見てきた人です。それでいろんな土産話をするんですね。方谷先生、大変喜んでいろいろ黙って聞いていた。それから翌日、こんどは方谷先生のほうから返礼に西を訪ねていって「昨日はありがとうございました。ついては、そういう制度はどういうふうに働いていたんでしょうか。それを伺いたい」とね。

　ところが西は、制度は眺めてきたけれど、その働きは調べてきていなかった。そこに方谷先生が「およそ制度というのを考えるとき、制度の働きを考えないで、形骸だけ見たって何にもならない。いかにそれが動くかということ、そこが大事なんです」と、懇々と説明したわけです。

　西は幕府の役人ですから、方谷先生はただ、そうやって忠告しただけですが、江戸へ帰ってから「山田方谷という人は大変な豪傑だ」といって取調所の人たちに感想を述べたそうです。西は後で帝国学士院の第二代と第四代の院長になった人物です。

伊東 西周、彼はフィロソフィーに「哲学」という訳語を当てた人でもありますね。

團藤 その西周がすっかり感心しちゃって、江戸へ帰ってから「松山藩の山田方谷というのは大変な豪傑だ。もしあれを中央に持ってきたらどんな大きいことをするかわからない」といって敬服したそうです。当時の松山藩主は、筆頭老中として幕府の最期を看取った板倉勝静《かつきよ》*52。徳川幕府の最期は、どんな流血の惨事になるともわからなかったけれど、結局、江戸城は無血開城できた。あれは西郷も勝海舟も偉かったですけれども、勝の上には板倉勝静がおり、板倉勝静の松山藩には山田方谷がいましたから、それであやって無事に明治につながったのです。

3．幕末のスターが揃う陽明学徒

方谷と吉田松陰

伊東 昨年の夏、軽井沢での先生のゼミナールで「陽明学」「山田方谷」と伺って、率直にいってピンと来なかったんです。そこで少し自分なりに勉強してみたのですが……幕末の志士はいまでも人気がありますよね。

團藤　そうですね。

伊東　例えば吉田松陰は誰でも知っていますが、松陰が講じたのが陽明学ですね。

團藤　そう、そうです。陽明学です。

伊東　こうなると俄然わかりやすくなると思いました。要するに陽明学は、明治維新の機動力なんですね。

團藤　そうそう、むろん陽明学。松陰も若い頃に松山へやってきたんですよ。それで方谷先生のところへやってきてね、いろいろ教えを請うた。そのとき吉田松陰が神戸の港のことを詳しく調べていた。当時もう外国船はいろんなところにやってきていたわけですが、もしも瀬戸内海へ外国から攻め込んできたらどうしようかと考えていた。そこで、あそこらにもちゃんとした軍備が要るだろうと考えた。このあたり松陰も偉いですね。そこで計画書を作って方谷先生のところへ教えを請いにきたんですよ。

伊東　なるほど、幕府の西周からも、長州反体制の吉田松陰からも、そういう相談を持ち込まれるような方だったのですね、方谷先生は。

團藤　ええ、それで方谷先生も感心してね。向こうはまだ若者ですよ、若者がそうやってそういうものを作って持ってきたんで、いろいろ聞いて「じゃあ尋ねるが、神戸港は水深はどのぐらいあるか。そこに一体軍艦が入れるか」とね。そうしたら「そういうことまで調べてない」と松陰は答えた。「そういう肝心なことを調べないではだめだ。もっと実際の学問、生きた学問をしないといけない」と諭されて、吉田松陰はすっかりもう敬服して引き下がった。松陰もそういうことで、しばらく松山に住んでいたことがあるんですよ。

伊東　なるほど。いろいろ関係があるのですね。

團藤　僕の檀那《だんな》寺が正善寺《しょうぜんじ》で、この正善寺には頼山陽がしばらく潜んでいたはずです。

伊東　体制、反体制の別を超えて相談を受けるというのは、方谷先生は團藤先生のご学風とそっくりですね。

團藤　ええ、山田方谷は幕府の側だけれど、松陰とは勤皇の志士ということでつながっている。後に松陰はアメリカへ行こうとして捕まって、いろいろなことがありましたけれども、最期は斬首の刑になるでしょう。

伊東　斬首でしたか、切腹ではなくて。

團藤　そうです、斬首です。どうして方谷がそういう中央側にいながら、助けることができなかったのかが不思議ですけど、多分無理だったんでしょうね。重大な国法を犯したわけだから。それで、松下村塾の弟子たちが方谷先生のところにやってきて「遺骸だけでも引き渡してもらいたい」と頼んだ、みんな揃ってね。それで方谷の力で遺骸を下げ渡して、みんな大変喜んで帰ったそうです。遺骸をちゃんと山口県に持って帰って、向こうで葬ることができた。幕府と勤皇側と両方に接触を持っていて、いろんな仕事をしているんです。

日本の近代化を支えた「知行合一」

伊東 日本が明治の近代化にあたって揺れた時期には、佐幕とか尊皇とかいろいろな立場、動きがありましたけれども、どちらの側にも共通して、西洋的な近代化概念の受け皿になっていたのが、現実を直視する陽明学だったのですね。

園藤 その通りです。

伊東 例えば水戸学*53の藤田東湖*54みたいな人も、吉田松陰と同じ思想的背景をもっていたから、尊皇だ、攘夷だ、佐幕だ、倒幕だといいながら、ここ一番というときには、門人同士で議論や交渉ができた。実は、近しい血の繋がりはないのですが、元は同じ日向の伊東の出で、伊東潜龍《せんりゅう》[*55]、猛右衛門という人が薩摩藩にいまして、この人が薩摩の陽明学の中心で西郷や大久保は伊東の門人です。明治の元勲たちが草莽《そうもう》の志士時代、等しく陽明学を学んでいるのです。

團藤　そうそう、おもしろいねぇ。

伊東　ちなみに伊東潜龍の外孫には般若豊[*56]、作家の埴谷雄高《はにやゆたか》があります。制度に対する疑問のまなざしというところでは、埴谷にも伊東の思想が入っているようで、関連の著書もあるそうです。ちなみに、仇討ちの話で出てきた「曽我物語」は伊東氏の内紛の物語で、敵役の伊東祐親や工藤祐経も曽我十郎五郎も、みんな一族の間で殺しあっていたんですね。仇討ちは問題を解決しないと思います。

そんな具合で、日本近代化の精神的バックボーンに陽明学があったわけですが、先ほどの松陰の「神戸港の深さ」でも分かる通り、陽明学が近代西欧の科学技術思想を受容する器になっていたこと、とくに「知行合一」が大変有効だったと知りました。

團藤　そう、知行合一。

伊東　もちろん精神性も大事なのですが、実験科学と理論との一致を重く見るという意味で、とても重要な働きをしていたのだと分かりました。ちなみに知行合一は僕も小さなときから結構言われました。うちは曽祖父の代までは薩長土肥の肥前だったのですが、江藤新平の「佐賀の乱」以後、佐賀は官界も軍もまるでダメということで、祖父の代からは船で海外に出ていたのです。伊東の家訓は「葉隠」で、文字ヅラだけで物事の核心が身についてないと、芯からわかるまで許してもらえませんでしたね。鬼みたいでした。

團藤　うん、うん。

伊東　表面だけ言葉を暗記してペーパーテストで〇がついても、ちょっと質疑応答すれば薄っぺらいのはばれちゃいます。そういうのは本当に許してもらえなくて。親父は三島由紀夫の一年上で、昭和一八年に学徒出陣で出征させられた損な学年でした。三島が先生の講義に感銘を受けていたころ、一級上だった「葉隠」の私の父は安田講堂から学徒出陣して、戦地でたいへんな目にあっていたわけです。

豪胆だった丸山真男

團藤　学徒動員のときはかわいそうだったねぇ。なにもしてあげられないで、教室の二階の窓から見ていました。

伊東　学徒で戦地に行かずにすんで、スイスイと上がっていった、父には年下の先輩に当たる世代の有名な経済学者がたくさんいます。碩学というべき人たちですが、親父はシベリアに抑留されて復員してきてから、いくら勉強してもこの年下の先輩連中に学問が追いつかない。戦後のどん底生活にこの焦燥感で、父は脊椎《せきつい》カリエスに罹《かか》ってしまって、ベッドの上に置いた木製の「舟」に固定されたまま三十まで廃人生活を余儀なくされました。

團藤　それは本当にお気の毒に……。僕は二十歳のとき、郷里の高梁で徴兵検査を受けたのですが、肺を悪くしていたので丙種合格になって、召集はかからなかったのです。結局戦争に行かなくてすんだのは幸運でした。同年配で軍隊に行って帰ってきた人たちはみんな体を悪くして。二年下の丸山真男君なんかも、もともと体が丈夫だったのが、召集されてかなり健康を害しましたね。いつだったか肝臓の病気になって、病院にお見舞いに行ったら、開腹手術のときに撮った真っ赤な肝臓の写真を僕に見せながら病気の解説をしてくれるんですよ。僕だったら気持ち悪くてとてもそんなことできないけど、平然として。

伊東　團藤先生と丸山氏が腹の中身を囲んでの議論ですか！　すごいですね

團藤　彼はなかなか豪胆な人間ですよ。丸山君とは気があって、まだ独身のころに、二人で信州の発哺《ほっぽ》温泉に旅行をしたことがあります。昭和一五年でした。ビールで乾杯して、痛飲して、いろんな話をしましたが、話はうまいし、歌も上手だし。土地の民謡「草津節」を、即興でドイツ語に直して歌うんです。「草津よいとこ一度はおいで」というあれですね。同じ法学部でも、政治学と刑法学で畑違いの気楽さもあって、お互いに好きなように話をして。本当に楽しかったですね。

無血革命を導く反骨の学問

伊東 先生が戦地に行かれずにすんだのは、日本のために本当に幸運でした。さもなければ戦後処理や刑訴法がぜんぜん違うことになっていたでしょう。でも私は、ちょっとの世代の差で兵隊に取られずにすんだ、昭和一桁くらいの碩学の先生がたを見ると、どうしても父の無念が思い起こされて、つい点が辛《から》くなりますね。宇沢弘文氏[*57]なんかの世代です。私の学生時代には、現役でいちばん脂の乗った世代で、私も生意気盛りでしたので、あのかたがたは「反骨」の格好のターゲットにさせてもらいました（笑）。

さて、先生の主体性理論の源流にある陽明学が、現実を直視する批判的、合理的理性の学であることを、幕末から維新期にかけて活躍された山田方谷のケースで伺ったわけですが、もうひとつ、陽明学の中には確固とした革命理論が存在していたから、西郷と勝の無血開城なんてことが可能になったわけですよね。徳川慶喜も処刑されなかった。戦国時代では考えられないことですが、こんなことが日本の歴史には厳然としてあった。これは誇ってよい歴史かもしれません。そういう観点から一九四五年を考えると、先生が刑事訴訟法改定に当たって、GHQと対峙してゆかれる革命的精神のバックボーンに陽明学がなっていたのがよく分かります。

團藤　そう、まさにその通りです。

伊東　陽明学は土木とか治水とか、テクノロジーにも通じているし、治世に当たって徳を重んじるし、儒家のなかでも、イェーリングに通じる「反骨」の芯が通っている。いろんなメカニズムが陽明学のなかにあることが、はっきりわかりました。いまの若い人は「陽明学」なんて言うと古臭い過去のものと思うでしょう。ところが、坂本龍馬だとか高杉晋作、松下村塾がどうこうなんていうと、皆なんとなく共感を持つ。同じ幕末の新撰組は今日でもアイドル的な人気です。

團藤　志士の話は楽しいからねぇ。

伊東　先生ご自身にしても、最初はそこから入られたわけですしね。そして幕末の若き陽明学徒はみんな洋行を企てる。国禁を犯してでも外に行って、反骨の延長に西洋的で批判的合理的知性を学ぼうとした。いまの若い人たちも、松陰や龍馬や新撰組への関心を少し深めれば、陽明学までの距離はほんのちょっとだと思います。

4　陽明学からの死刑廃止論

反権力の学問

團藤　陽明学、これは権力に反抗する学問ですよ。危険思想ですから、幕府は陽明学を抑えたのです。いっぽうで朱子学のほうは従順だから、おとなしい朱子学を幕府の学問にして、大抵のところでは朱子学ばかり教えて、陽明学は教えようとしなかったんです。

それにもかかわらず方谷先生自身は、陽明学を主にしてやっていた。でも実際にはね、現状に不満を持つ若い藩士たちが「陽明学のことをぜひ講義して下さい」って頼んでくると、方谷先生は「朱子学を完全に勉強した上で、何もかもわかった上で陽明学に進むべきだ」と言うんですね。

伊東　これは生意気が売り物の学生諸君に煎じて飲ませたいようなお言葉です。

團藤　それで「それまでは、そう早くに陽明学に入っちゃだめだ」って叱りつけてね、抑えちゃったんですけど、そういう意欲をわき立たせることはしたんですね。

伊東　先生がいま、九十にして畢生《ひっせい》の主著として準備していらっしゃるご本を「陽明学をバックボーンにした自伝」と伺っても、以前はピンと来ませんでしたが、調べてみて本当にビックリしました。言ってみれば「革命の法学」、もっと言えば「反体制を厭わぬ主体性の革命理論」「無血革命の刑法哲学」。こう認識すれば、物凄いことだとわかります。

團藤　うん、うんうん。

生態系保全を説いた陽明学

團藤　陽明学には死刑廃止論にもつながるものもあります。陽明学者で直接死刑廃止論をやった人がいるかどうかはわかりませんが、それは大いにありうることですよ。

伊東　人間一人の生命もそうですし、人間だけでなく、生命の連鎖というのでしょうか、幕府がすすめていた新田開発のような生態系や環境の破壊も、熊沢蕃山は批判していますね。蕃山は「万物一体説」を唱えて、環境全体も損ねてはいけない、そして人間の総体ももちろん損ねてはいけない。「身体髪膚《しんたいはっぷ》はこれを父母に受く、あえて毀傷《きしょう》せざるは孝のはじめなり」なんかと同根でしょう。一人を殺す法律があれば何人でも殺せるという話がありましたが、これはまさに先生の死刑廃止論にも通じています。

團藤　僕が陽明学になったのはいわば環境がそうさせたので。最初は自由意思じゃないですけど、それを自覚的に選びとったのはやはり主体性です。

伊東　鎖国時代の日本の島国性は決して悪いことばかりは言えないと思います。いまグローバル社会などといって、全地球が言ってみれば鎖国時代の日本のように、宇宙にぽっかり浮いた島のようになっています。そういう閉じた環境での持続的発展、サステナビリティというのですが、これが可能な英知が、江戸時代の日本にはたくさんあると、環境問題の観点から近世日本を再評価する動きがあるのです。狭苦しいナショナリズムではなく、国際社会のためにいま本当に生きる「日本の知恵」が、歴史上にはたくさんあるんですね。そういうものを生かしていきたいものです。それを治世の観点で見ると……。

團藤　それは朱子学ではないですね。ここで陽明学が出てくるんです。

「君子の治世は殺を用いず」

伊東　陽明学の観点からの死刑廃止というお話ですが、熊沢蕃山は武士ですから「切腹を仰せつかり候」ということはあったと思います。そこで関連の資料を調べてみましたら、大橋健二さんという方が著書に團藤死刑廃止論を陽明学と関連づけて論じられていました。

團藤　その通りなんですよ。大橋さんは、実は文通だけでまだ面識はないのですが、たがいに意気投合している方です。関西方面の在住ですが、この文章をもし読んでくださったなら、きっと感想を寄せてくださると思います。

伊東　例えば蕃山の言葉として、こういうものが引かれていました。

「君子の治世は殺を用いず」

「仁君は法を乱すを慎みたまえ」

「人を殺すに政《まつりごと》をもってするは刃より甚だし。刃は限りあり。不正の殺は限りなし。故に法は時勢の勢いに従いやむを得ずするものなり」

蕃山の「まつりごと」は「親民の政治」だとありました。これに対して朱子は「親」を「新」にかえ、民をあたらしくする、つまりあらためる。あたらしくしちゃう。上から改めていくものだとした。ちょっとスターリニズムっぽいですね。これはいけない、と陽明学では元来の孟子、孔子に戻して「親民」民に親しむ、にした。民草を法に背いたら殺すというのでなく、民の観点から治める原点に戻したというのです。

おもしろいのは、大橋さんの本にはモンテスキューの『法の精神』にも、徳川専制政治の行き過ぎた腹切り政治への批判が出てくる、とありました。度の過ぎた刑罰は専制政治を腐敗させる。すべての罪は死をもって罰せられる。罪人を矯正するのでなく報復をすることは問題だ、これらはみな隷属状態から導かれたもので、すべての罪は皇帝に背いたものとして死刑。だがそれは専制政治そのものを崩壊させる。モンテスキューはそういう批判の上に三権分立を主張するわけですね。

蕃山の生涯をたどってみますと、治水灌漑、農業土木など、今日なら理工系にあたる分野でもいろいろな業績があります。これも紙の上の朱子学にはないもので、蕃山は特に土木に通じていたと言います。サステナビリティの先駆けですね。方谷も神戸港がどれだけ深いかと松陰に質《ただ》した。理屈だけでなく実証学の裏づけをもった「持続可能性」への知恵が、一見すると反体制思想である陽明学のなかに、しっかり根付いていると思います。

5. 陽明学を貫いた人生

体制内から体制を批判する

伊東　こうして伺いますと、先生が戦後、ＧＨＱと一緒に刑訴法を書き換えられたとき、バックに陽明学があったとおっしゃるのを、単なる昔話にしちゃいけないと、つくづく思います。今まさに、憲法改正とか国民投票法とか言っているのは、政体に変化を来す話ですから、革命は大げさとしても、大きなチェンジであることは間違いない。そこでは体制の中にあって体制を徹底して批判的、建設的に検討する視点、陽明学がまさに生きるわけですね。

團藤 そうなんですよ、本当にそうなんです。

伊東 よく経営者向けの雑誌で、歴史の挿話が誌面をにぎわせていますが、これは各論や、なんとなく感心するエピソードで終わらせるべきものではないと思います。

團藤 そう、自分自身で主体的に捉えなければ、意味がありません。

伊東 坂本龍馬といえば、現代のサッカー少年だって「カッコイイ」と思うわけです。じゃ、何がカッコイイかというと、未来を見据えて、大勢に流されずに、己の主体を持って「日本の夜明けは近い」……これは鞍馬天狗かもしれませんが、そういうヒロイズムみたいなものも馬鹿にしないで、正義を貫く姿勢として理解する。

團藤 伊東君は本質を理解してくださったと思います。うれしいですね。

伊東 とんでもない、直感的にそう思っただけで、もったいないお言葉です。でも日本国民が、本当の意味で「死刑廃止」に象徴されるような境地に到達するには、水戸黄門が印籠を出して悪代官がハハーッてひれ伏す、あれで溜飲を下げて、テレビの視聴率が上がるメンタリティじゃいけないと思います。先生は最高裁判事という形で学問の枠から実務に「離陸」された直後から、明確な死刑廃止論者となられて、非常に柔軟な判決や意見を次々に書かれました。その気概ですね。

反骨の気概を胸に最高裁へ

團藤　私が最高裁に行ったのはね、前任者の大隅健一郎判事、京都大名誉教授の商法学者ですが、大変温厚な方で、僕の人間を見込んでくださってね、自分はもう何年で辞めるけど、ぜひ後を継いでほしいと、大学にいる間に内々に約束させられたんです。それから、やはり最高裁判事だった行政法の田中二郎さん、五年先輩で僕のことをかわいがってくださったけど、退官されたあとで「君はぜひ入ってくれ」って言われて、僕もそのつもりになってね。だから、最高裁には最初から反骨の気持ちを持って入ったんですよ。

伊東　現役の最高裁判事が聞いたらびっくりするでしょうね。一九八一年の大阪空港夜間飛行差止訴訟大法廷判決の、團藤裁判官の反対意見を拝読しましたが、本当に感動的なものでした。判決は原告の訴えを退けましたが、国との間ではきちんと和解が成立したのは、もっぱらあの少数意見の力によると言われています。なるほどと納得しました。

團藤　あれは、一種のヒューマニズムの立場で書いたんですよ。あの空港の事件は、住民が本当にかわいそうでした。でも、みんな住民そっちのけで航空会社の利益ばかりはかろうとして。調査官が調べた現地の報告を読むと、とにかくひどくてね。騒音や振動で窓ガラスが割れたり、屋根瓦が割れたり。騒音はハラに響くでしょう。ビリビリって。健康にも非常に悪いんですね。住民たちの生命、健康、生活全体に非常に大きな影響を及ぼしていたんですよ。大阪高裁までは差し止めを認めたのに、最高裁の連中は、そういう現実を一切無視した。とんでもないことですよ。

伊東　私も現在、豊田君のケースについて、脳血流の測定結果などを入れた長文の上申書を第二小法廷に提出しているのですけれども、なんか音沙汰全くないですね。

團藤　今のことはわかりませんが、当時はともかく不思議なくらい、みんなダメでしたね。

伊東　大阪の判決は、法廷意見は金銭賠償しか認めませんでしたが、團藤裁判官の反対意見は気迫のこもった長文で……。

團藤　これは絶対に書かなければという思いで書きました。だって多数意見は間違っているんですから。

伊東　凄まじい気骨ですね。
團藤　なんといっても住民の生命、生活、これを守らなきゃならない、司法の根本の使命ですからね。それが一番大事なことです。それが破壊されようとしているのをだまって見ているのは許されない。最高裁ではずいぶん議論したんだけど、どういうわけかみんな応じてこない。政府の関係で反対の態度をとりたくないんでしょうかね。そういう行政優位の考え方は、三権分立の精神からいっても、とんでもないことですよ。もう、心底から憤慨してね。
伊東　過去の主要な判決は最高裁のホームページから読むことができますが、先生の意見は、まさに反骨を絵に描いたような……。
團藤　あれが陽明学です。陽明学の現代日本社会への適用ですね。
伊東　法理と実践の知行合一ですか。
團藤　だから『法理の実践と実践の法理』という本を書いて、そこに少数意見をまとめたのです。
伊東　そういう意味でのご著書名だったわけですね。いまはっきり分かったのですが、先生がご指摘の法曹や裁判所を含む官僚機構の硬直化、法学生から大学法学部まで条文の表面的解釈論に終始している実情、これらすべて「現代日本での朱子学化現象」だと考えると、歴史上の膨大な失策例と対照が取れることになりますね。

團藤　そうそう、まさにそういうことです。うまい表現をしてくださった。

伊東　だから先生の「團藤陽明学」は、歴史上膨大に存在する数々の失敗例を顧みつつ、体制の中心にあって社会の新陳代謝を促進する、科学的合理性と人間的道徳性復権への本質的な運動になっていたわけでしょう。

團藤　ハラが陽明学的にできてますから、意識せずにやったことが結果的に陽明学でした。

伊東　そのような團藤先生が死刑廃止に到達されたのは「裁判官になってそこで一声掛けられてどうした」とかいうレベルではなく、まさに主体としての團藤重光の原点、少年時代の原体験から現在まで、八十年以上ずっと一貫してこられた陽明学的な「根」から繋がるものなのですね。

團藤　その通りです。人間、青春の感動から、すべてに繋がっていくものですから。

第8章

若者よ、正義の骨法を摑め!

1. 「自分探し」では見つからない

法律家になろうなんて考えなかった

伊東 先ほどお父様の團藤安夫さんのお話を伺って、父親が、自分の生きてきた歩みを息子さんにお話しになるというのは、やはりすごく意味があると思いました。言葉で「陽明学がどうこう」などというより、問わず語りに「自分は最初は医者になろうと思って薬研も挽いて、結局法律を志して、現在このようである」と身をもって示す……。

團藤 ええ、実際のね。

伊東 そういう、親の背中を見る、みたいなことが、今の社会にはとても不足している気がします。今、二一世紀の若い日本人が法律家になろうとすると、大学学部を卒業してから法科大学院、ロースクールに進学することになるわけですが、司法当局は法曹を三千人に増やすと言うけれど、粗製乱造になってはいけないですね。

團藤 そうそう、法律屋じゃなくてね、法律家を育てなければ……。

伊東 そのためには、どういう人材育成をすればよいのでしょうか。先生は、裁判官でも検事でも弁護士でも法律家を目指す若い人はどんな志を持って学ぶべきとお考えですか？

團藤　ああ、そういうのはなるべくそういうことを考えないのが、一番いいと思うんです。

伊東　え？

團藤　考えないほうが……。

伊東　何も考えない？

團藤　「法律家になる」なんて思うような人は邪念ができてね、かえってだめですね。

伊東　それはたいへん本質的なお話ですね。

團藤　僕なんかは「法律家になる」なんて夢にも考えていなかった。それが、だんだんと、いつの間にか助手になって、刑法学者になりましたけどね、全部自然にそうなったんで、どっかである方針をつくって、そこでなったというわけじゃないんです。

伊東　でもそれはすごくよくわかります。僕も作曲家になりたいとか思ったことは一度もないですね。「なる」とか言う前に、作曲すればよい。

團藤　だから「主体性」といったって、いい加減なもんですよ。

伊東　いや、そんな……そこまで率直なお話を伺うとは……。

團藤　というよりも、そういう中に主体性があるわけです、その中にね。

伊東　本当ですね。「専門屋に墮ちるな」という言い方をヴォルフガング・パウリという物理学者がしています。改めて先生から伺うと大変腑に落ちますね。専門を一つ決めてしまうと「専門外のものは関係ない」となってしまいますから。*58

園藤　ええ、その通りです。

伊東　先生のお話を伺って常々思うのは、森羅万象ありとあらゆるものに好奇心旺盛で、すべてと自分が、有機的に関わりがあると、肌身でお感じでいらっしゃいますね。

園藤　まぁ好奇心だけは、なくなりませんね。

伊東　刑事裁判はあらゆる犯罪が飛び込んでくるから、と以前おっしゃっておられました。それで、かなり専門的なこともお調べになって……。

園藤　それは確かに。判決には必要ですし。

伊東　大学教師なんぞをやっていると、人によってはかなり狭く「私の専門は物理化学ですから物理寄りのことはやりますけれども、有機化学なんかはわかりません」みたいな発言をされる方が少なくありません。まあ大風呂敷を広げるのも良くないと思いますが、ちっちゃくまとまり過ぎるのも、蛸壺というか、弊害はありますね。

園藤　そうです、甘んじちゃいけませんね。

無駄を省きたがる学生

伊東　でもそれをどうやって若い人に伝えていったらいいのか、それが問題です。実際、例えば教養学部の学生を教えていると「将来の自分の専門に関係ないことは教えないでほしい。法学部だから、もう生涯数学なんか関係ない。こっちは忙しいんだから、必要ないことは極力教えないようにしてくれ」なんて平気で言ってくるのがいて、言葉を失います。入試で数学を出題しているのは、先々必要だから問うているのです。それが、入学後はもう関係がないと学生から開き直られると、これはもう何というか。実際、東大では文科一類つまり東大法学部に進む学生の中に、そういう「無駄を省きたがる」連中が少なくない。僕は七年ほど教養課程でコンピュータを教えていたので、文理双方の学生相手に最小限の数学も使って教えたのですが、経済学部はあとで数学が必要なので反発がないし、文学部も社会統計とか心理学とかあるので意外に素直なんですが、よくできるのに偏狭なことを主張してくるのが法学部にけっこういましたね。目的を絞って、それだけに向けて計画を立てる。まあ言ってみれば「受験生的」というか、それできっちり合格して、成功体験を持っちゃった東大生が実は多くて、これは官僚体質の原点を組織的に再生産してる気がします。これだけで一冊本が書けるくらい、大学の疾病はたくさんありますね。

團藤　何か理想があるのは悪いことではないけれど、それだけになってしまうのは……。

伊東　理想というと良いことのように聞こえますし、「何も考えていない」というと無策と誤解されそうですが、実はまるで逆なんですよね。

團藤　うん。そんなに若いときから凝り固まっているのは良くない。僕自身は子供のときは月や星を見るのが大好きで、しょっちゅう夜になると星を見ていただけでね……。

伊東　あ、ちなみにそれは肉眼で見ていらしたのですか。

團藤　ええ。

伊東　天体望遠鏡などではなくて……。

團藤　うちに双眼鏡のいいのがあってね。

伊東　ああ、双眼鏡でも、良いものならかなり星が見えますね。

團藤　それも使って。でも主には目でね。肉眼でいいんですよ。チカチカチカチカする、あれがいい。昔の岡山ですからね、空気中に埃がないんですよ。車も通らないし。もう澄み切った空で、星がみんな丸く見えるくらいね……ずっとあとになってから、大きな星を見たのは中国でしたね。黄河のほとりを夜、ドライブしていたんですが、そのときは本当に空気が澄み渡っていてね、地平線に近いところの星が大きいんです。

伊東　でも近頃の北京郊外なんかは大気汚染がひどいからだめですよ。

團藤　今はね。でも僕の行った頃は、まだとても良かったですね。それから、タヒチへ行ったときは、舟を出して大洋に出ると、南十字星が素晴らしかったですよ。北十字星とは比較にならないくらい大きかったですよ。海上だから大気汚染がないでしょう。

「自分」は「探す」のでなく「つくる」

伊東　先ほどの、若い人へのメッセージですが、法律家に限らず、若い人にどういう「志」があるとよいのか。凝り固まるのは良くないですが、いまは同時に若い人が方向性を見失っている時代です。「ネット右翼」なんていう人はいても、真剣に「天下国家」を語る普通の場がありません。何かこう、気の張りみたいなものがなくなっているように思います。

團藤　そうですねえ……。

伊東　このごろの若い人は「自分探し」という言葉を使いますね。

團藤　「自分探し」？　それはどういうことですか。

伊東　今現在とは違う「本当の自分」が実はどこかにいるはずだ、それを探しに冒険の旅に出よう、なんて思ったりする。社会参加したくない若者の、就職へのモラトリアムの一種にもなっています。旅に出たのは良いけれど、ヒッピーみたいな何だかわからないことになっている場合も多いし、旅先で事故にあう人もいる。でも、学校で勉強していても自分がなりたい職業がわからない、どんな方向に行ったらいいかわからない。「自分探し」というのは、メーテルリンクの『青い鳥』じゃないですが、どっかで本物の自分という幸せに、ふと出会えるんじゃないか、っていう受け身な発想ですね。

團藤　いや、探すんじゃなくて、自分で自分をつくっていかなきゃだめですよ。クリエートしていく。つくりながら探すのなら「探す」という言葉も良いですが。

伊東　そうですね。本当に自分がわかるとすれば、それは経験を通じて主体を再確認するということしかないわけですから。内側でつくりながら探すしかない。

團藤　主体性というのは自分の中にあるわけですよ。星を見ても星にあるわけじゃない。自分の中にある。

伊東　ああ、なるほど。だから星を見た團藤少年が、星を見ながらそれを見る自分の内側に、おのれの実存や主体を見たわけですね。

團藤　ええ、そうです。

伊東　星を鏡に自分を観察する。そういう人材育成ですか……。

團藤　そう、自分でつくってゆくわけですからね。

伊東　何にしろ、鏡が必要ですね。お父様が先生にご自身の修行時代をお話になったというのも、一種の鏡、ああ「鑑」という表記もありますね。ひとつのお手本であり、かつ自分の姿を映すミラーにもなる。子供から見れば父親です。アヒルの雛が親鳥についてゆくみたいに、後を追うものですから。それは上からの頭ごなしの言葉や「理論」ではなく、実践を通じて教えたというのが、いわばポイントのように伺います。これも「知行合一」。

團藤　ええ、まったくそうですね。

伊東　親自身が行動と一致していないことを言っても子供がついてくるわけがない。

若者は己の矮小さを悩む

伊東　それとは別に、星を見るのは純然とお好きだったわけですよね。

團藤　それは自分が好きだったから。

伊東　いわば、お手本としてのお父さんとは別の「鏡」を、星空の向こうに見たわけですね。面白いと思うのは、親に倣おうというとき、陽明学的な「反骨精神」を「倣う」と、必然的に親にも反発することになります。これが反抗期の少年心理と重なったとき、先生は星をみて、同時に人間の矮小さに悩まれた……このお話、百年後でも通用しますよ。

團藤　でもね、親父には怒られましたよ。そんな星ばっかり見てね。くよくよ悩んだわけですから、親父は「ばかなやつだ」って言って「そんなことでくよくよしないでもっと現実を考えろ」と。親父は苦学した人間ですからね、青年の煩悶というものを知らないんです。だからそういう意味では、思いやりがなかったですね。

伊東　でも、その時期を経て、矮小な自分も天下国家に役立つ人間になろう、という決断まで経た上で、自然に親鳥と同じめぐり合わせ……法律家、判事という道に進まれた。しかもお父様と同じ陽明学の精神で一貫するというのを、単なる親の模倣ではなく……それでは本物の反骨になりませんから……一巡り外を回ってご自分の人となりを作り上げられた。そういう先生ご自身の「自分探し＝自分づくり」があったわけですね。

團藤　みな河合栄治郎を読んだりしましたね。

伊東　河合栄治郎を読むんですか？

團藤　ええ、学生はたいてい読んでいましたよ、私たちの時代には。いい講義でしたからね。いい講義というかね、弁論、雄弁家ですよ、非常な雄弁家で。雄弁家としてはあの右に出る人はあんまりいなかったと思うんですね。

伊東　河合栄治郎は「よきリベラルアーツ」の最たるもののような印象があります。

團藤　そうね。

伊東　若きヴェルテルは二一世紀も二二世紀も必ず悩むんですよ。それは時代を超えた現象で、今、引きこもりの子の悩みにも、参考になる部分があると思います。

團藤　若いひとの参考になれば、とても嬉しいですね。

伊東　先生の天体観察のお話は、科学哲学のカール・ポパーと意気投合されたような、文系離れした團藤刑法理論の透徹性にも通じる気がしました。条文の表層に惑わされない。

團藤　ポパーさんとは、間主体性の問題を大いに議論しましたね。

伊東　さきにフランスの死刑廃止と関連してポストモダンと申しましたが、團藤法学は二〇世紀後半の科学哲学の文脈とも深い並行性がありますね。「科学的事実」とされるものをどのように社会が「真理」として受け入れるかのプロセスと、「刑事責任」とそれへの「罰則」を、どう社会が受け止めてゆくかのプロセス。両者を結び合わせるカギは「可謬性」、間違いを犯す可能性、ですね。

團藤　ええ、これはとても面白いです。

伊東　変な話、人が死にそうになると、いまならお医者さんを呼びますし、死亡診断書を書くのも医学という「科学」に立脚して行いますが、一九世紀ヨーロッパでは「死にそうだ」となると「神父さんを呼んでくれ」となった。自然科学が神学的な地位を占めるようになった二〇世紀後半以後、個々人の主観を超えた科学的な知見が宗教権威に取って代わる部分があります。この科学を、宗教まがいの硬直した決定論ドグマにしてしまうのではなく、複数個人の主観の間に成立するものとして捉えるのが重要だという主張ですね。

團藤　ええ、それが間主体性ということです。

伊東　科学的合意を間主体的に、つまり動的に変化しうるものとして捉える観点が、ナチスドイツに迫害されたユダヤ人物理学者であったポパーには明確にあった。だからこの議論も「モダンタイムス」の近代「以後」の哲学になると思います。個人的にはポパーの議論は吉本隆明[*59]の「共同幻想論」にも通底するように思いますが、それが團藤法学の主体性とぴったりと重なり合う。これが二〇世紀後半という時代なのですね。

團藤　そんなことはちっとも意識しなかったですけれど（笑）。

伊東　そういえば、先生が少年期を送られた一九二〇年代はエディントン[*60]観測隊がアインシュタインの特殊相対性理論を検証して、宇宙の構造への理解が大きく変化した時代でした。地球はくずみたいな天体に過ぎないという、二〇世紀最新の天文学知見を得た團藤少年が、自己の矮小感に悩んだというのも、二〇世紀の知見あってのことと思います。

團藤　これもまったく意識しませんでした（笑）。

伊東　当時の團藤少年の澄んだ眼差しは、しっかり時代に根ざしながら、時代を超えて、確かにおのれの主体性を見つめていた。それは五十年、七十年経って、法学の頂点を極めながらも死刑廃止を果敢に主張される現在と完全に同じだと思います。通底するのは、反体制思想としての陽明学。「裸の王様」の実態を射抜く少年のまっすぐな眼差し……百歳近くなられた今日も、先生はそれを確かにお持ちでいらっしゃいますよ。

團藤　ハハハハハハ。

2. 反骨のコツ

法律学は悪との闘い

伊東　今回のお話の発端は、去年の夏、軽井沢のゼミナールに参加した学生たちに、先生が「未来を担う若い人には反骨の精神をもって学んでほしい」とおっしゃるのを伺って、感銘を受けたことに端を発するわけですが……。

團藤　そう、反骨の精神はとても大切。

伊東　下世話なお話で恐縮ですが、團藤先生といえば東大法学部を首席で卒業され、若くして刑法学の第一人者として頭角を現され、東大法学部長、最高裁判事、宮内庁参与、文化勲章、勲一等旭日大綬章と、その絢爛たるご経歴を見れば、世間のイメージは権威の中の権威、体制の真ん真ん中、雲上人と見ると思います。実際、周りが下にも置かぬ扱いをすると、ご本人がかなり努力されなければ「オレはえらいんだ」と、ともすれば高みから見おろしがちになりますが、先生はどうやってそんな誤謬を回避されたのでしょう?

團藤　いや、自分もいろいろ、慢心だらけの人間ですよ。

伊東　そうおっしゃる率直さが、得がたいと思うのです。

團藤　それは……う〜ん、法律学って、闘いでしょう?　法の本質は、世の中の悪と闘って平和を求める。平和のためのものだけれど、ただ穏やかにやったのでは平和になりませんから、その闘い、正義は論語のような「子曰く」を覚えただけでは何もならない。実践しなければならないんです。

伊東　陽明学的ですね。それと東大ご定年後に最高裁で第一線に立たれたのと通じます。

團藤　悪と闘ってそれを絶滅しなければならない。それが陽明学です。

伊東　ただそこで「悪人の命を奪って終わったことにする」でなくて「罪を憎んで人を憎まず」、本質的な「悪」のほうの撲滅まで徹底されたところに、團藤死刑廃止論があるのだと思います。人だけ殺して罪の根っこはほったらかしでは、どうにもならない。

團藤　そう、そうですよ……。わかっていただいて、嬉しいですね。

反骨は反抗とは違う

伊東　以前、反骨精神の持ち主の代表として吉田茂とおっしゃいましたが、先生がごらんになる反骨の人士には、ほかにはどんな人物がありますか。

團藤　……中江藤樹、熊沢蕃山、幕末の吉田松陰。大塩平八郎もいます。

伊東　いま挙げられたのは反体制の人ばかりですが、吉田茂は首相ですね。

團藤　大塩は役人が反乱を起こしたわけだし、吉田さんも戦後に再軍備をアメリカから迫られて、一歩もひかなかったという意味ではアメリカに刃向かったといえます。反骨精神を持ちながら体制側に立つには、ある意味でじっと我慢しないといけない。一層大事ですよ。反抗ばかりするのは凡人でもできる。反抗と反骨は違います。体制側に立って反骨精神を持つのは、ある意味でいちばん難しいですね。僕なんか、だいたい体制側に否応なしになっていましたから、安易に反抗することはできなかったのです。反骨精神を持ちながら、反抗しないでじっと我慢する学問だから、そんじょそこらの刑法とは違いますわねえ。

伊東　先生が死刑廃止論をはっきり主張されるようになられたのは最高裁判事として判決を下されてから後ですが、確かに東大法学部長在任時にそれを公言するのは、時期尚早、お立場的に難しかっただろうとお察しします。

團藤　いろいろなバランスがありますからね。

伊東　でも現役最高裁判事として死刑廃止を公言された。実に果断で、転身が鮮やかです。

團藤　反骨は反抗と違いますから。

反骨のない組織は滅びる

伊東　そこをはき違えてはだめですね。でも体制内にあって反骨精神を持ち続けられる人は、本当に少ないと思います。普通は出世のための内在論理で、俗物化を免れない……。

團藤　体制の中にあってこそ反骨精神を持つことが大事ですよ。それは体制のためにも大事なんです。ご無理ごもっともばかりでは、政治にはならないでしょう。トップだけでなく部下にも反骨精神を持つ人がいっぱいいれば立派な政府になる。政府のよしあしも反骨精神を持った人がどれだけいるかで決まります。

伊東　政府だけでなく企業も同じで、イエスマンばかり集めてはだめでしょう。いかに直言する人物がいるかが大事ですね。

團藤　そうです。

伊東　それには勇気もいります。

團藤　性格もありますね。

伊東　それは陽明学にもあるものですし、西欧古代や近代の批判的合理主義にも通底しています。歴代首相で反骨宰相の代表は吉田茂とのことですが、ほかの首相はいかがですか?

團藤　吉田茂と比較すると、他はずっと落ちますね。小粒です。政府にしたって反骨精神のない人ばかり集めてはだめですねえ。民族だったら滅びますよ。吉田茂さんは自分の周囲に反骨精神のある人を集めたでしょう。彼は土佐の人で、坂本龍馬と同じです。人物ですねえ。

知行合一と少数意見

伊東　改めてお伺いしたいのですが、今の法学者はなぜ死刑廃止論に行かないのですか。

團藤　これには憤慨しているんですよ。いくじなしばっかりで、みんな根本問題を考えようとしない。ごくごく表面的な解釈論ばかりで。解釈論もなきゃならないけどね、腹の底から出る解釈でなきゃならない。アタマのなかの解釈論ばっかりやっているから。いま東大法学部をはじめ、若い人にもっとがんばってほしいと思っているんですけどね。

伊東　役所やら各方面に配慮しすぎるというようなことでしょうか？

團藤　そうかもしれない。物事は平面的にみてはいけない。動いている、自分たちが責任をもって動かしていると自覚して行動しないといけない。

伊東　また「知行合一」ですね。

團藤　ところが、それがない。いまの人の多くは、こう言っては悪いけど、どうも行動に表れないですね。僕は行動に表れないようなものはだめだと思うんです。あと、大学をやめて最高裁に入ったでしょう。これは裁判官の地位が高いからとかいうんじゃなくてね、あんな判例のままやってたんじゃだめだ、もっと気骨をもった、しっかりした骨格あるものにしないとだめだと、そういう気持ちで裁判官になったんですよ。

伊東　それだから、就任初期から反対意見を書くことが多かったわけですね？

團藤　ええ、僕ほど反対意見書いた人は、歴代の最高裁判事の中にもいないかもしれない。

伊東　とにかくあらゆる事件について、リベラルな少数意見、反対意見をお書きになっておられますが、最高裁判決は以後の判決や立法、政府の法解釈に強く影響を与えますから、これは少数意見という形で、新しい法を書いておられたようなものですね。

團藤　そういうことになります。

伊東　しかも反骨の精神で、最高裁のど真ん中から……大変なことです。

團藤　要は主体性の問題ですね。最高裁の連中自身は、僕の入ったときは全くだめでね。いや、初めのうちはまだよかった。でもだんだんだめになっていった。僕が入ったときはもう退官しておられましたが、石田和外《かずと》長官なんか（保守的だとか、いろいろ言われましたが、）立派な人でした。豪傑でね。でも、名前は挙げませんが、だめな人もたくさんいました。もう保守専念で、今まで通りの考え方を後生大事に守っていく。判例を新しくしていくことにみんな慎重すぎる。ところがそういう人に限って声が大きい。本当の豪傑は、穏やかな声で話します。

伊東　なるほど。ちなみに静かに話すのはリーダーシップをとる骨法でもあります。

團藤　慎重なのは大事ですけど、必要なときはズバリズバリと新しくしなきゃならない。だから僕ははじめから、ずいぶんと乱暴な議論ばかり、わざとしたんですよ。波乱を起こしてやろうと思って。波を起こさないとだめですね。動かさないと。沈滞していますから。滞っている。今の日本も沈滞しているけど、その象徴みたいなのが当時の最高裁でね。僕は片っ端から少数意見、わざわざ書かないでいいようなものまで片端から書きました。

伊東　まさに反骨精神の塊ですね。

團藤　そういうのが最高裁にいるってこと自体が大事なんですよ。存在自体が大切だと思ったんです。判例は動いていくものですから。ファクターになるのは裁判官ですよね。裁判官が判例通りの判決を出すことで頭がいっぱいではだめです。

若者よ、正義の骨法を摑め！

伊東　数学には「反例」という言葉があります。一つ反例を提出すれば、すべてに通じて、正しくないことの証明になるというものです。反例になるような判例を必要に応じて果断に出してゆく。そういうことが、司直の最高機関には求められるのでしょう。従来と違う、逆らう例を出していくことで、変化する時代に対応しつつ法のシステムがダイナミックに変わっていく、そういうことですね。

團藤　まさにその通りです。

伊東　先ほど来の、大阪空港夜間飛行差止請求訴訟で先生の書かれた反対意見はまさにその典型ですね。先入観に囚われずに事物の本質を見つめ、権威などに惑わされることなく、反骨の意識をもって物事に向かうこと。それを、反体制側のみならず、体制の中心にあっても、責任を引き受けて果断に実行すること。「知行合一」とは、先生ご自身の人生、青春時代から今日に至るまで、一貫して主体性のダイナミックな変化の可能性に賭けてこられた九十三年の人生そのものを示すキーワードなのだと、よくわかりました。

團藤　わかっていただいて嬉しいです。だから若い人に伝えたいのはね、何ごとに向かうにも気骨をもって事をなす、ただそれだけです。それがいちばん大切。それさえあれば、あとは自然に進むんですよ。ここで「何事も」というのが大事で、変に分け隔てせずにね。

伊東　さきほどから幾度も出ている気骨とか骨法という言葉　これは何事かの核心、コアにあたるものですよね。「骨法」をひっくり返すと「法の骨」となります。最後にお伺いしたいのですが、法学を貫くべき核心、言ってみれば人類の文化としての法を理解する上で、われわれ素人、つまり専門家でないすべての人がわきまえていてよい……いやむしろ万人がわきまえるべき……一番の骨法とは、一体何なのでしょうか？　組織の健全な維持から、最高裁の新陳代謝まで、反骨が何より大切だというのは分かったのですが、素人でも分かるような、そのコツ、コツなんていうと小手先のことみたいですが、若い人に伝わりやすい「反骨のコツ」があるとすれば、それは何だと言えばよいでしょうか……。

團藤　反骨のコツですか……気骨を持って進むとき、何かにぶつかることがあるでしょう。ぶつかると跳ね返りますね。そこで「反骨」になる。そのとき囚われた目で見るのではなくてね、あるがままを見て、そこで「正義」を実践する。法の本質はここにありますね。そして正義の実践には反骨をも辞さない。正義の骨法、これが陽明学の要諦です。それは腹の底から出て来なきゃならない。ざっとこんなところでしょう。

未来を担う若い人には、そういう反骨精神を持ってもらいたいですね。

人名・用語解説

＊1 **金森徳次郎**（1886-1959）憲法学者。法制局長官を務めるが、天皇機関説信奉者として攻撃され辞職。戦後は吉田茂内閣で憲法改正を担当。新憲法の象徴天皇について「あこがれの中心」と答弁。

＊2 アルフレッド・クリスチャン・オプラー（1893-1982）ドイツ領期、独仏国境アルザス・ロートリンゲン地方出身のユダヤ人法律家。ミュンヘン大学等で学び、38歳でドイツ連邦最高裁判事。ナチス台頭で職を失い、米国に亡命。連合国軍総司令部（GHQ）に配属され46年に来日。日本国憲法起草を補佐し、法制整備にあたる。その後59年まで日本にとどまり、民主法制確立を指導した。

＊3 小野清一郎（1891-1986）東京帝大教授として客観主義法哲学と刑法理論を展開。東京裁判の海軍側被告の弁護人。法務省特別顧問などを歴任。72年文化勲章。

＊4 **昭和天皇独白録**　1946年、終戦までの経緯を側近が昭和天皇から直接聞き、まとめたとされるもの。90年12月号『文藝春秋』に全文発表された。東条英機を「一生懸命仕事をやるし、平素云つてゐることも思慮周密で中々良い処があつた」と評価する記述がある。

＊5 **昭和天皇拝聴録**　入江相政侍従長が昭和天皇から聞き取りしたとされる記録。入江日記等により知られたが、宮内庁は存在を否定。天皇の肉声を伝える資料として公開が待たれる。

＊6 **美濃部達吉**（1873-1948）東京帝大教授（憲法）として「天皇機関説」を提唱し「天皇主権説」の上杉慎吉らと論争。貴族院議員となるが軍部と右翼から攻撃を受け35年に辞職（「天皇機関説事件」）。戦後は憲法問題調査会顧問などで憲法問題に関与、国民主権は「国体変更」として反対の立場を取った。

＊7 **牧野英一**（1878-1970）東京帝大名誉教授、専門は刑事法学。リストやフェリーに学んで新派刑法学を基礎に目的刑論を採用、第二次世界大戦前の学界、実務に影響力を持った。

＊8 **穂積重遠**（1883-1951）東京帝大名誉教授、民法学者。日本家族法の父といわれる。セツル

メント活動にも先駆的業績を残す。東大定年後は貴族院議員、東宮大夫兼東宮侍従長、最高裁判事を歴任。

＊9 **末弘厳太郎**（１８８８－１９５１）東京帝大名誉教授、専門は民法、労働法。判例研究の必要を説き、民法判例研究会を創設。戦後はＧＨＱの下で労働三法（労働組合法・労働基準法・労働関係調整法の総称）の立案に参画、47年中央労働委員会の初代会長。『嘘の効用』など辛辣な著作も。

＊10 **斎藤隆夫**（１８７０－１９４９）弁護士、政治家。第二次若槻内閣で内閣法制局長官。36年の２・26事件を受けて衆議院で「粛軍演説」を行う。のちの反軍演説で帝国議会を除名処分。戦後は進歩党創設発起人として吉田内閣国務相、民主党に参加し片山内閣の国務相。

＊11 **筧克彦**（１８７２－１９６１）東京帝大名誉教授、専門は公法、皇国法学。神道思想家。穂積八束や上杉慎吉と共に東京帝大法科で皇国法学の担い手となる。筧研究室には畳が置かれ、神棚が祀られており、講義の開始時には柏手を打つなど、名物講義で知られた。のち国学院大学教授。

＊12 **蓑田胸喜**（１８９４－１９４６）大正、昭和期の右翼思想家。熊本県生まれ。東京帝大文学部宗教学科卒業後、慶應義塾大学予科講師。天皇機関説事件に始まる大学粛清運動の理論的指導者。滝川幸辰、大内兵衛らの追放、津田左右吉の発禁事件の端緒も開く。終戦後に自殺。

＊13 **平泉澄**（１８９５－１９８４）歴史学者。１９３０年、東京帝大助教授時代の留学先でナチス政権奪取直前のドイツ民族右翼の台頭を目撃。帰国後、「青々塾」を開く。35年教授となり皇国史観を提唱、敗戦で大学を去る。戦後は実家の白山神社宮司となり、銀座に国史研究室を開設、右翼活動に従事した。

＊14 **聖トマス・アクィナス**（１２２５－74）イタリアの神学者、哲学者でスコラ学の大成者。晩年はナポリの神学教授。主著はアリストテレスの主要著作を網羅し解説した「神学大全」。

＊15 **エドムント・メッガー**（１８８３－１９６２）ドイツの刑法学者。ミュンヘン大教授。精神医学に造詣が深く、「行状責任論」を提唱。弟子のコレイアは「人格形成責任」を唱えた。

＊16 **熊沢蕃山**（１６１９－91）江戸前期の儒学者。16歳で備前岡山藩主池田光政に仕えるも４年で辞し、中江藤樹に陽明学を学ぶ。朱子学も学び、再び岡山藩に取り立てられ藩政で活躍。後に京都で学を講じ、

播磨明石藩主松平信之に従って大和郡山、下総古河と移るが、著作が反体制的とされて幕府の不興を買い、不遇のうちに古河で病没。

＊17 **ヴィクトール・フランクル**（1905－97）オーストリアの精神分析学者。ナチスの強制収容所に送られた経験を『夜と霧』に著し、実存分析を創始、責任や倫理を重んじる治療論を提唱した。團藤重光著『法学の基礎』はフランクルの言葉「ことばによってではなく、行為によって、しかも責任ある行為によって、私たちは人生に答えるのです」で締めくくられる。

＊18 **ロラン・バルト**（1915－80）フランスの思想家、記号学者。パリ大学卒、国立高等研究院教授。著書に『S/Z』『テクストの快楽』ほか。

＊19 **山田風太郎**（1922－2006）小説家。東京医大卒。推理小説作家としてデビューし、伝奇的時代小説で活躍。『甲賀忍法帖』で忍法ブームを起こす。小説以外の著書に『戦中派不戦日記』など。

＊20 **テクストとの戯れ**　ポスト構造主義の思潮で、バルトらが用いた概念、用語。文字テキストの記号論的分析によって解析しきれない内容との相互作用を「戯れ」と総称して知的考察の対象にした。

＊21 **ハーバード・スペンサー**（1820－1903）英国の社会思想家。社会進化論、自由放任主義を提唱し、宇宙の生成から人間社会の発展までのすべてを進化の法則で説明する『総合哲学大系』を著す。

＊22 **優生学**　劣悪な遺伝子の淘汰、優良な遺伝子の保存により、人類の遺伝形質の改善をめざした学問。社会進化論と関わりが深く、1883年にダーウィンの従弟にあたる英国のゴルトンが提唱。ナチスドイツ、米国などで一時期影響力を持ち、断種法制定などを導いた。

＊23 **「エクリチュールの零度」**　ロラン・バルトが1953年に発表したバルトの出世作。話し言葉「パロール」に対し、書き言葉「エクリチュール」に着目して文学と社会の関係を鋭く分析した。

＊24 **チェーザレ・ロンブローゾ**（1836－1909）イタリアの精神病学者、犯罪人類学の創始者。ダーウィニズムを信奉し、生来性犯罪人説を唱えた。フェリーとともに刑事学の実証学派を確立。

＊25 **ジャン・ポール・サルトル**（1905－80）フランスの作家、思想家。パリの高等師範学校で哲学

を学び、ボーヴォワール、レヴィ＝ストロースと知り合う。留学先のドイツではフッサール、ハイデガーに師事。『嘔吐』で小説家として著名になるが、第二次大戦に動員されドイツ軍の捕虜となり、脱走。占領下のパリで執筆した論文「存在と無」は〈実存は本質に先立つ〉という命題から出発し、無神論的実存主義の記念碑的大作と評された。文学者の社会参加（アンガージュマン）を提唱、アルジェリア戦争やベトナム戦争で第三世界側を擁護。68年五月革命では極左を支援。64年にはノーベル文学賞を辞退した。

＊26 クロード・レヴィ＝ストロース（1908－）フランスの人類学者。マルクス、フロイト、言語学者ヤコブソンらの影響を受け、構造主義人類学を発展させる。著書に『悲しき熱帯』『野生の思考』ほか。

＊27 サー・カール・ライムント・ポパー（1902－94）オーストリア出身の哲学者。純粋な科学的言説の必要条件としての反証可能性を説いた。精神分析、マルクス主義を批判、自由民主主義を積極的に評価した。

＊28 大阪国際空港夜間飛行差止請求訴訟　騒音に悩む周辺の住民が国に空港使用の差止と損害賠償を求めた訴訟。64年から提起、最高裁は81年、空港使用差止について却下判決を下した。

＊29 ジル・ドゥルーズ（1925－95）ポスト構造主義を代表するフランスの哲学者。中世スコラ学、イギリス経験論、ベルグソン、ニーチェなどを研究。近代理性主義哲学の同一性原理の克服を目指した。『アンチ・オイディプス』『千のプラトー』（共著）で資本主義を批判。

＊30 滝川幸辰（1891－1962）刑法学者。京都帝大教授。小野清一郎とともに刑法学会を主導するが、1923年に内務省から著書を発禁処分にされ、鳩山一郎文相により京大教授を停職処分とされた。

＊31 刑罰と保安処分　刑罰が犯罪への応報なのに対し、保安処分は社会防衛と本人の矯正・教育を目的とする。保安処分は行為者の危険な性格に着目して科されるため、実際に犯罪が行われた場合に限られず、危険性が除去されるまで継続されるなど、刑罰と本質的に異なる。

＊32 ミーガン法　性犯罪の再犯率の高さを考慮し、一定の性犯罪者の情報を登録、刑期終了後も一般に公開する法律。1994年にニュージャージー州で起きた性犯罪被害者の氏名より命名された。

＊33 行為無価値説、結果無価値説　刑法学で、違法性の根拠に関して対立する二学説。行為無価値説は

社会の倫理規範への違反認識を違法の根拠とするが、結果無価値説は刑法の保護する法益の侵害行為を違法とする。

＊34 **エピジェネティクス**　分子生物学で、遺伝子発現の後天的な制御を扱う遺伝学的研究分野の一つ。転じて身体運動科学で、同じゲノムから後天要因によって発現が変化する状況を指して用いられる。

＊35 **白鳥決定**　刑事裁判の再審事件にも「疑わしきは被告人の利益に」との刑事裁判の鉄則を適用し、再審事由を規定した刑事訴訟法の解釈・適用は被告人に有利に解すべきだとした1975年の最高裁決定。免田事件、財田川事件の再審開始決定に引用された。

＊36 **免田事件**　1948年に熊本県人吉市で起きた一家殺害事件で逮捕された元死刑囚が、最高裁の死刑判決確定後に第6次まで再審請求を行い、83年、熊本地裁で再審無罪判決を受けた事件。

＊37 **財田川事件**　1950年に香川県財田村で起きた強盗殺人事件の元死刑囚が、警察に自白を強制されたとして再審請求を行い、84年、高松地裁で再審無罪判決を受けた事件。

＊38 **曽我物語**　鎌倉初期の武士、曽我十郎祐成と五郎時致の「曽我兄弟」による敵討ちの物語。武将・工藤祐経が所領を従兄の伊東祐親と争い、その子祐泰を殺害。祐泰の子の曽我兄弟は成長して父の仇・工藤祐経を討つが、祐成は仁田忠常に返り討ちされ、時致は捕らえられ殺害された。

＊39 **リヴァイアサン**　旧約聖書に登場する巨大な水棲の怪獣。英国の政治学者ホッブズが国家主権の絶対性をこれに喩えて、1651年に出した著作のタイトルにした。

＊40 **オペラント・コンディショニング**　学習、条件反射の一種。絶食させたネズミにブザーが鳴ったときにレバーを押せばエサが得られるようにすると、ネズミはブザーの音に反応してレバーを押すようになり、その頻度が増す、といった学習を指す。

＊41 **チェーザレ・ベッカリーア**（1738-94）イタリアの刑法学者。近代刑法学の始祖とされる。フランス啓蒙思想の影響を受け、罪刑法定主義、罪刑の均衡を提唱、拷問や死刑廃止を説いた。

＊42 **ジャコバン党**　フランス革命期の急進的政治結社。ロベスピエールの指導で、山岳派を中心に独裁

体制を敷き、反革命派の大量処刑、貴族の財産没収など恐怖政治を行った。
＊43 ジョルジュ・ダントン（1759－94）フランス革命期の指導者。山岳派右翼の中心となるが、反革命派としてロベスピエールにより処刑される。
＊44 陪審制、参審制、裁判員制度　一般国民が裁判に参加する制度。陪審制は陪審員と裁判官とで裁判所が構成され、陪審員は公判で事実認定を行って有罪無罪を判断し、裁判官はその結論に基づき法律的判断を行い最終的な科刑を決定する。陪審員12人の全員一致が原則だが、より少人数で多数決を採用する方式もある。参審制は裁判自体を一般国民と法律家の合議体で行う。陪審制と異なり、一般国民も職業裁判官と共に事実認定から科刑まで全面的に裁判に関与する。伝統的な陪審制で多数の国民参加を求めるのが難しくなったため、陪審制の代用として発達したとされ、原則として1つの裁判で2名の参審員が選出される。裁判員制度は一定の刑事事件で国民から選出された裁判員が裁判官と共に裁判に関与する日本の参審制度。2009年5月に開始予定。国民が裁判官相当の身分で全審理に関与するが、1裁判に6名と比較的多数の裁判員が選出される点などは陪審制の影響がある。
＊45 オストラシズム（陶片追放）　古代ギリシャで、国家に有害と思う人物の名前を全市民が陶片（オストラコン）に書いて投票し、得票の多かった者を国外追放した制度。
＊46 佐藤春夫（1892－1964）小説家、詩人。生田長江、与謝野鉄幹に師事し、『三田文学』『スバル』で活躍。小説『田園の憂鬱』でも注目される。60年文化勲章受章。
＊47 山田方谷（1805－77）幕末・明治初期の陽明学者。備中松山藩主板倉勝静に仕えて藩政を立て直し、勝静は幕閣に抜擢された。維新後は教育に専念し、藩学である備前閑谷黌の復興に尽力した。
＊48 適々斎塾　1838年、医学者の緒方洪庵が大坂瓦町で開いた家塾。適塾ともいう。医学、洋学を幅広く教え、橋本左内、福沢諭吉、村田蔵六、大鳥圭介など幕末維新期に活躍する人材を輩出した。
＊49 緒方洪庵（1810－63）江戸時代の医学者、蘭学者。大坂で適塾を開いて人材育成をしたほか、医学関連の訳書、著書も多い。62年に幕府によって奥医師兼西洋医学所頭取に起用。

＊50 村田蔵六【大村益次郎】（1825－69）幕末・維新期の軍政家、明治軍制の創設者。長州藩の兵制改革、戊辰戦争で活躍。明治政府の近代兵制確立を急ぐが、反対派士族に襲撃され、2カ月後に死亡。

＊51 西周（1829－97）幕末・明治の思想家。津和野藩医の子。脱藩して幕府の蕃書調所に仕える。62年オランダ留学。大政奉還前後の徳川慶喜の政治顧問。明治政府で軍人勅諭の起草にあたる。

＊52 板倉勝静（1823－89）備中松山藩主。祖父は寛政の改革で名高い松平定信。奏者番兼寺社奉行を経て徳川幕府最後の老中として幕府を支えた。

＊53 水戸学　江戸時代、水戸藩で提唱した思想体系。前期は二代藩主水戸光圀の『大日本史』編纂事業を通じて、後期は九代斉昭によって実践的政治理論として展開。尊皇攘夷運動に影響を与えた。

＊54 藤田東湖（1806－55）幕末の水戸学者で水戸藩士。幕府参与となった斉昭を補佐して内政、外交に関与。尊皇攘夷の志士たちを指導。安政の江戸大地震で死亡。

＊55 伊東潜龍（1816－68）薩摩藩士として島津斉彬に仕え、藩の「藍玉所」に勤務しつつ陽明学を独学、西郷隆盛、大久保利通、東郷平八郎らを指導した。著書に『餘姚学苑』他。

＊56 般若豊【埴谷雄高】（1910－97）小説家、評論家。般若豊は本名。32年不敬罪で起訴、39年同人誌『構想』、戦後は『近代文学』を創刊。戦後派として政治と文学の関係を鋭く問い続けた。

＊57 宇沢弘文（1928－）経済学者。シカゴ大教授、東大経済学部教授、同学部長を歴任。専門は数理経済学、公共経済学。公害や地球温暖化問題にも取り組む。1997年文化勲章受章。

＊58 ヴォルフガング・パウリ（1900－58）スイスの物理学者。原子や分子の構造に関する「パウリの排他性原理」、「ニュートリノの予想」などで量子論の発展を導く。45年ノーベル物理学賞受賞。

＊59 吉本隆明（1924－）詩人、評論家。60年安保闘争に関わり左翼学生、労働者闘争に影響を与えた。著書に『言語にとって美とは何か』『共同幻想論』『源実朝』『最後の親鸞』など。

＊60 アーサー・スタンレー・エディントン（1882－1944）英国の天文学者、物理学者。ケンブリッジ天文台長。天体物理学の理論的研究により、相対性理論、量子論にも貢献した。

編集のあらまし

本書は二〇〇七年五月一六日、六月六日、二十二日の三日間に学士会館理事長室（東京都千代田区神田錦町）で行われた、團藤重光先生への私のインタビューをまとめなおしたものである。

以下、本稿成立の経緯を簡単に記しておく。公開されている「團藤ブログ」http://www.gakushikai.or.jp/blog/（ただし、全文を読むには学士会会員登録が必要）には、他の同席者のコメントが掲載されている。これが実際に交わされた最初の会話により近いものである。

本書では、読者の利便を考慮して朝日新聞社新書編集部の判断でこれを整理し、伊東のみが聞き手となる形に改められている。よりストレートに團藤先生のメッセージが伝わるようにという改稿趣旨とのことであるが、伊東個人は團藤夫人のご発言など、そのまま掲載すべきという考えであったので、ブログはそのようにしている。このため、座談の一次資料性はブログとして発表されている稿の方が高いことを付記しておく。逆に本稿作成の過程では、まず元のテープ起こしからブログ原稿を作成したのち、そこで不足と思われた事柄について團藤先生、伊東、両者並行の形で、二〇〇七年七～八月にかけて手直しを加えた。

これを持ち寄り、八月九～十一日、軽井沢の團藤邸で原稿の読み合わせを行ったのち、微調整のため編集スタッフが東京と軽井沢を往復（八月十五、十六、二十四、二十九日）、この間在欧の伊東と電子メール上で細部の詰めを行って、内容の正確を期し、初版完成稿とした。

本文の中で「ちょっと調べてみたのですが」と資料を引くような部分は、ブログ原稿の完成後、関連資料を準備して軽井沢の團藤山荘で行った会話を追加したものである。一例を挙げるなら、第一章で引用した團藤先生宛の平泉澄教授からの私信は、軽井沢の書庫で初めて拝見して驚嘆した経緯がその部分だけそっくりそのまま挿入されている。

こうした編集作業と並行して、学士会團藤ブログが順次公開されており、この点でも両者には異同がある。が、いずれの稿も、團藤重光先生に十分のご校正を頂き、内容の十全を期すようにした。

また、本書の第三～五章は、刑法学者としての團藤重光博士個人のご主張の比重が高いため、社団法人学士会理事長としてブログへの掲載を見送った部分をまとめた側面が強い。

元来のインタビューは歴史的に貴重な証言であるため、ブログ時点から録音録画を東京大学伊東研究室として収録し、すべてのドキュメントはアーカイヴライブラリに保存されている。研究プロジェクトを支えて下さった松下電器産業株式会社、ならびに松下教育研究財団に、この場を借りて深くお礼を申し上げたい。

内容面の考証には専門家のお知恵を多く拝借した。ご協力を頂いた昭和史専門家の皆さん、法律関係者の皆さんに、この場をお借りして深くお礼を申し上げたい。また、人名・用語解説は若い法曹のご協力を得て編集部と伊東とで作成した。

専門家から頂戴したご指摘は逐一、團藤先生にフィードバック申し上げた。團藤先生には軽井沢のご別荘で幾晩も深夜まで原稿を綿密にチェックされ、入魂の推敲を賜ったと伺っている。原稿中には、筆者にはあまりに過分なお言葉も賜り、不足ばかりの汗顔の極みであるが、このように、ブログ稿から私自身が編集にタッチしていることから、本書では伊東・編という形を取らせていただいている。現実の編集業務は井原圭子さんの献身的な貢献があって可能となったものである。深く感謝してここに記したい。

人名・用語解説を含め、編者として内容には出来るだけの注意を払ったが、瑕疵があればすべて筆者の責である。

本書の多くの話題は五十年、六十年前の出来事であるため、團藤先生には、細部には記憶違いがあるやもしれない、とのことである。具体的にお気づきの読者には、どうか編集部までご一報を賜れれば幸いです。

伊東　乾

二〇〇七年九月七日　スイス・ザンクトガレン修道院にて

おわりに

さまざまな分野の新しい話題に接するのは、わたくしの大きな喜びである。伊東乾君との対話は、たいへん面白かった。法律と全く異なるバックグラウンドをもつ彼が持ち出す話題は、どれも新鮮で大変興味深く、おかげで今年は楽しいひと夏を過ごすことができた。在外中の伊東君に代わって校正の労をとってくれた井原圭子さんに心から感謝の意を表する。

二〇〇七年九月七日　台風一過の軽井沢山荘にて

團藤重光

團藤重光 だんどう・しげみつ
1913年生まれ。刑法学者、東大名誉教授、学士院会員、(社)学士会理事長。日本刑法学会理事長、最高裁判事、宮内庁参与を歴任。95年文化勲章受章。『刑法綱要』『刑事訴訟法綱要』『新刑事訴訟法綱要』『死刑廃止論』『法学の基礎』など著書多数。

伊東　乾 いとう・けん
1965年生まれ。作曲家＝指揮者、東大大学院情報学環准教授。90年第1回出光音楽賞受賞、2006年『さよなら、サイレント・ネイビー』(集英社)で第4回開高健ノンフィクション賞受賞。近著に『表象のディスクール』(東大出版会)『ケダモノダモノ』(集英社)ほか。

朝日新書
069
反骨《はんこつ》のコツ

2007年10月30日第1刷発行

著　者　團藤重光
編著者　伊東 乾

発行者　岩田一平
カバーデザイン　アンスガー・フォルマー　田嶋佳子
印刷所　凸版印刷株式会社
発行所　朝日新聞社
〒104-8011　東京都中央区築地5-3-2
電話　03(3545)0131(代表)　振替　00190-0-155414

ISBN 978-4-02-273169-2
定価はカバーに表示してあります。